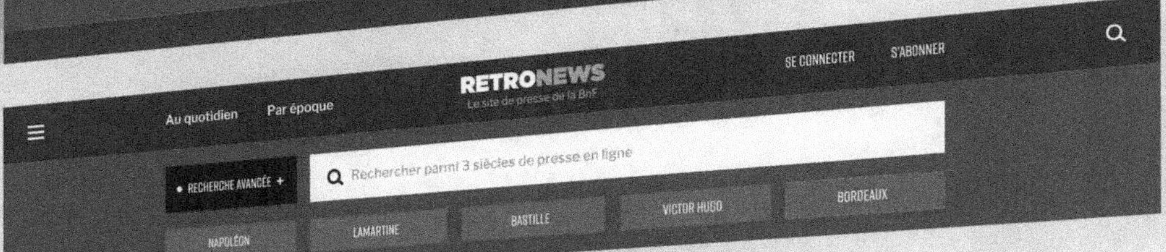

Découvrez l'histoire
par les archives
de presse
RETRONEWS
Le site de presse de la BnF
SE CONNECTER
S'ABONNER
Au quotidien
Par époque
RECHERCHE AVANCÉE +
Rechercher parmi 3 siècles de presse en ligne
NAPOLÉON
LAMARTINE
BASTILLE
VICTOR HUGO
BORDEAUX

Noᵇ 148-150.   Prix : 25 francs

REVUE
DE
SYNTHÈSE HISTORIQUE

DIRECTEUR : HENRI BERR

TOME L
(Nouvelle Série. — Tome XXIV)

APPENDICE

BULLETIN
DU
CENTRE INTERNATIONAL DE SYNTHÈSE
Section de Synthèse historique
(N° 10)

PARIS
LA RENAISSANCE DU LIVRE
78, BOULEVARD SAINT-MICHEL (VIᵉ)

Décembre
1930

LA

REVUE DE SYNTHÈSE HISTORIQUE

comprend trois parties :

1º Des ARTICLES DE FOND (théorie de l'histoire ; histoire de l'histoire ; organisation du travail ; essais de synthèse ; problèmes et controverses) ;

2º Des REVUES : Revues générales (inventaire périodique du travail fait et à faire dans les divers domaines de l'histoire) ; Revues régionales (les Régions de la France) ; Revues critiques (les résultats nouveaux de synthèse érudite et de synthèse scientifique, à propos des principales publications récentes) ;

3º Des NOTES, QUESTIONS ET DISCUSSIONS (notes de lectures ; vie scientifique ; questions d'enseignement ; correspondance...).

ADMINISTRATION

78, BOULEVARD SAINT-MICHEL — PARIS (VIᵉ)

La Rédaction est au siège du Centre international de Synthèse, Hôtel de Nevers, 12, rue Colbert (58 *bis*, rue de Richelieu, Paris, Iᵉʳ). Le Directeur reçoit le jeudi, de 17 heures à 18 h.30.

SOMMAIRE DU TOME L

Au bout de trente ans, par HENRI BERR.
Quelques données sur l'historiographie en Espagne de 1900 à 1930, du point de vue de la synthèse, par J. DELEITO Y PIÑUELA (traduit de l'espagnol par A.-D. TOLÉDANO).
Les conditions et les tendances actuelles des études historiques en Italie, d'après M. Barbagallo, par ANDRÉ D. TOLÉDANO.
Remarques sur le mouvement sociologique en Allemagne, par JEAN-R. DE SALIS.

REVUES CRITIQUES

Une haute terre : l'Oisans d'autrefois et d'aujourd'hui, par MARC BLOCH.
Une synthèse de l'histoire économique française, par AUGUSTIN RENAUDET.
Histoire et philosophie, par RAYMOND LENOIR.
Histoire littéraire générale et comparée : quatorzième compte rendu annuel, par P. VAN TIEGHEM.

NOTES, QUESTIONS ET DISCUSSIONS

Les débuts de la géométrie : réponse à M. Rey (AMÉLIA HERTZ).
Les postulats philosophiques du marxisme et leur formation historique, à propos d'un ouvrage récent (VALENTIN FELDMAN).
La politique française dans les Pays-Bas au Moyen-Age (MARC BLOCH).
La dissolution de l'Empire des Habsbourg, à propos d'un livre récent (ALESSANDRO LEVI).
Un grand administrateur de l'Ancien Régime : Gérard Mellier (L. LÉVY-SCHNEIDER).
Une contribution à l'histoire de l'industrie (HENRI SÉE).
Notes de lectures. — **Histoire générale** (M. CANARD, M. BLOCH, R. VILLATE, E. COORNAERT, G. WEILL, A.-D. TOLÉDANO, R. PRUVOST, P. MASSON-OURSEL). — **Histoire religieuse : Antiquité. Pré-Moyen-Age** (CH. BOREUX, A. PAUL) ; 2. **Moyen-Age** (M. BLOCH) ; 3. **Époques moderne et contemporaine** (A. PAUL, G. WEILL).
La Vie scientifique.

TABLES DU TOME L

FONDATION " POUR LA SCIENCE "

BULLETIN

DU

CENTRE INTERNATIONAL DE SYNTHÈSE

SECTION DE SYNTHÈSE HISTORIQUE

N° 10

Décembre 1930

I. *EXTRAITS DES DISCUSSIONS*
II. *PROJETS D'ARTICLES DU VO-CABULAIRE HISTORIQUE*
III. *NOTES DIVERSES*

PARIS (2e)

HÔTEL DE NEVERS

12, RUE COLBERT

(58 bis, RUE DE RICHELIEU)

—

1930

CENTRE INTERNATIONAL DE SYNTHÈSE

CONSEIL D'ADMINISTRATION

MM. Paul Doumer, président du Sénat, *président.*

Maurice Croiset, administrateur honoraire du Collège de France, *vice-président.*

Sir Ernest Rutherford, professeur à l'Université de Cambridge, *vice-président.*

MM. Gonzague de Reynold, professeur à l'Université de Berne, *secrétaire-général.*

Charles Prince, juriste américain, *trésorier.*

Joseph Bédier, de l'Académie française, administrateur du Collège de France.

Henri Berr, directeur du Centre.

M. Boule, directeur de l'Institut de paléontologie humaine.

P. Boyer, administrateur de l'École nationale des langues orientales.

Julien Cain, administrateur général de la Bibliothèque Nationale.

J.-R. Carter, directeur de la Banque Morgan de Paris.

J. Cavalier, directeur de l'Enseignement supérieur.

S. Charléty, recteur de l'Académie de Paris.

J. Destrée, ancien ministre d'État de Belgique.

A. Einstein, professeur à l'Université de Berlin.

Sir James Frazer, professeur à l'Université de Cambridge.

MM. Éd. Herriot, député, ancien président du Conseil.

Paul Léon, directeur des Beaux-Arts.

L. Mangin, directeur du Muséum d'histoire naturelle.

P. Marraud, ministre de l'Instruction publique.

---

1. Reconnue d'utilité publique par décret rendu en Conseil d'État, à la date du 26 novembre 1925, la Fondation est installée dans les locaux mis à sa disposition par le ministère de l'Instruction publique, 12, rue Colbert (Hôtel de Nevers), Paris (2e).

R. Menéndez Pidal, directeur de la « Junta para Ampliación
de Estudios », de Madrid.
A. A. Michelson, professeur à l'Université de Chicago.
I. Nitobé, professeur à l'Université impériale de Tokio.
Kr. Nyrop, professeur à l'Université de Copenhague.
P. Painlevé, député, ancien président du Conseil.
E. Pais, professeur à l'Université de Rome.
Ch. Petit-Dutaillis, directeur de l'Office national des Uni-
versités.
H. Pirenne, professeur à l'Université de Gand.
Le Dr S. Ramón y Cajal, président de la « Junta para Am-
pliación de Estudios » de Madrid.
J. M. Rozwadowski, président de l'Académie polonaise des
Sciences et des Lettres.
Le baron Édouard de Rothschild.
Le Dr Roux, directeur de l'Institut Pasteur.
E. Vessiot, directeur de l'École normale supérieure.
V. Volterra, professeur à l'Université de Rome.

NOTE

Nous ne donnons ci-après que les discussions relatives aux mots dont nous avons la rédaction. Nous préférons publier les textes à part [1], car des modifications sont en général introduites dans la rédaction de ces textes, à la suite des débats en séance.

La Section de Synthèse historique accueillera volontiers toutes les remarques relatives au Vocabulaire.

Nous avons, depuis la publication du dernier Bulletin, traité en séance le mot suivant : Extase (Dr M. Nathan) le 7 mai 1930.

En outre, des exposés ont été faits par M. J.-R. de Salis sur la Sociologie allemande (2 et 9 avril) et par M. Henri Lévy-Bruhl, sur la communication de M. L. Le Fur relative au mot Droit (14 mai).

1. Voir page 24 et suiv. les Projets d'articles du vocabulaire.

I

SÉANCES PLÉNIÈRES

SÉANCE DU MERCREDI 11 DÉCEMBRE 1929, A 17 h. 15 [1].

Communication de M. Depréaux sur le mot Iconographie. Discussion.

M. DEPRÉAUX donne lecture de sa communication [2].

M. BERR. — L'Iconographie peut prêter un concours à la biographie.

M. DEPRÉAUX. — Certes, si nous considérons le sens primitif du mot Iconographie.

M. RÉAU. — Il serait peut-être utile de marquer plus nettement la différence entre les deux sens du mot :

1º La description d'images, de sujets, et pas seulement de portraits (par exemple l'Iconographie de la Nativité, de la Résurrection). On oppose communément dans l'histoire de l'art le point de vue iconographique (celui de M. Émile Mâle dans ses ouvrages sur l'art chrétien) et le point de vue stylistique, qui étudie les formes, la composition, le coloris.

2º L'ensemble de documents graphiques figurés — et pas seulement de portraits — concernant tel sujet ou telle personnalité (ainsi l'iconographie de Robespierre, de Napoléon).

M. DEPRÉAUX. — C'est à ce dernier sens qu'a pensé M. Esker en intitulant un récent ouvrage : *Iconographie de l'Algérie*.

M. EISLER. — Le mot εἰκών, εἰκονισμός, (de même en latin, *iconismos*), est aussi une expression technique dont se servaient les rhétoriciens pour la description détaillée des hommes, sur des espèces

------

1. Présents : MM. Henri Berr, M. Lhéritier, L, Réau, A.-D. Tolédano ; R. Bouvier A. Depréaux, R. Mieli, J.-R. de Salis.
2. Voir p. 41 le texte de cette communication.

de passeports par exemple. Du reste, le mot εἰκών veut dire passeport en grec moderne. Des papyrus égyptiens, contenant le signalement d'individus tels qu'on en trouve dans des documents de police, nous donnent l'idée de ces icones. *Iconismos*, icone, ou Iconographie désignent une seule et même chose. Le premier *iconismos* est la description de Thersite par Homère.

Strabon parle cependant de l'Iconographie d'un animal. Notons en passant que les premières illustrations connues chez les anciens se trouvent dans des livres de botanique.

Chez Varron, les icones sont des images de personnes illustres (Auguste, par exemple) accompagnées de textes détaillés décrivant ces personnes.

Les Iconographies anciennes ne sont pas nécessairement illustrées, mais donnent des descriptions littéraires ou autres (cf. les descriptions de tableaux par Philostrate). Le genre s'appelait ἔκρᾰσις.

Les ouvrages de Gronovius, Montfaucon et du comte Cayrus pourraient fournir des indications intéressantes sur l'histoire du mot Iconographie.

L'Iconologie ne doit pas être confondue avec l'Iconographie. Cette science est née de l'étude des hiéroglyphes faite d'après les *Traités* de Manéthon et d'Horapollon à l'époque de Maximilien Iᵉ, empereur d'Autriche. L'Iconologie a donné un essor à l'Emblématique ou Symbolisme, qui étudie l'emploi des allégories et des termes figurés dans le langage.

La Prosopographie établit des listes accompagnées ou non de portraits, des personnalités ayant joué un rôle historique.

Il est décidé que le mot Prosographie fera l'objet d'une note ajoutée à l'article Biographie. On indiquera que le terme est surtout employé en Allemagne.

M. Réau. — Je ne suis pas tout à fait d'accord avec M. Depréaux sur l'Iconologie. Je considère que l'Iconologie est une des branches de l'Iconographie, étant la science des images où entrent des symboles.

M. Depréaux. — M. Réau a en effet raison.

M. Réau. — L'Iconologie est, à mon avis, d'origine essentiellement italienne. Elle est née au xvıᵉ siècle en Italie, avec le *Traité d'Iconologie* de Ripa, d'où est sorti tout l'art symbolique de l'époque baroque, popularisé en France dès le xvııᵉ siècle par la traduction de Baudouin. Boudard, de son côté, a publié un Dictionnaire d'Iconologie.

M. LHÉRITIER. — M. Depréaux n'a pas parlé de l'Iconographie comme science auxiliaire de l'histoire. Le mot n'a été adopté qu'assez récemment par les historiens.

M. DEPRÉAUX. — Une science s'occupant du passé humain est toujours une science auxiliaire de l'histoire.

M. BERR. — Nous avons substitué à l'expression « science auxiliaire » celle de « technique auxiliaire ». Il y a des techniques historiques telles que la Numismatique, l'Épigraphie, dont l'intérêt est d'apporter des documents à l'histoire, puis un très grand nombre de disciplines qui considèrent un côté particulier de l'histoire, qui présentent un intérêt en elles-mêmes, et qui ne sont donc pas des techniques ; c'est le cas de l'Iconographie.

M. H. LÉVY-BRUHL. — L'Iconographie est, au contraire, pour moi, une technique ayant pour objet de servir l'histoire.

M. DEPRÉAUX. — L'Iconographie est en effet aujourd'hui une technique auxiliaire, mais elle prend de plus en plus une importance en elle-même, à cause du développement croissant des illustrations.

M. BERR. — Nous retenons la remarque de M. Lhéritier pour la séance où nous reviendrons sur l'expression sciences — ou techniques — auxiliaires.

M. H. LÉVY-BRUHL. — Se sert-on encore du terme Iconologie ?

M. RÉAU. — Oui, lorsqu'on veut désigner la science des lois normatives à observer pour représenter concrètement telle ou telle idée abstraite.

SÉANCE DU MERCREDI 5 FÉVRIER 1930, à 17 h. 15 [1].

Communication de M. Toutain sur le mot Amphictyonie.
Discussion.

M. TOUTAIN donne lecture de sa communication [2]. Il précise que la graphie Amphictionie est à recommander, plutôt que celle d'Amphictyonie.

1. Présents : MM. Paul Doumer, Henri Berr, R. Eisler, A. Rey, J. Toutain, A.-D. Tolédano ; Mme Metzger, MM. R. Bouvier, P. Brunet, P. Ducassé, G. Lutfalla, A. Mieli.
2. Voir p. 24 le texte de cette communication.

M. Doumer. — Dans les vicissitudes de l'institution amphic-
tionique, il s'est passé un phénomène semblable à celui que nous
avons constaté au sujet du développement de la Nation. L'institution, d'origine religieuse, finit par devenir politique.

M. Toutain. — C'est certain. La réforme des A. opérée par
Auguste présente un caractère politique.

M. Berr. — Gernet, dans le volume sur la *Religion grecque*,
qui va paraître prochainement dans l'*Évolution de l'Humanité*,
montre que le développement politique s'est fait en Grèce par
le groupement de dieux d'abord locaux, puis régionaux. Mais il a
fallu attendre la conquête macédonienne pour réaliser l'unité
politique de la Grèce.

M. Toutain. — C'est exact. Je ne sais d'autre part si la Ligue
achéenne et la Ligue étolienne se sont constituées autour d'un
culte commun. Du reste, ces groupements géographiques et
politiques n'ont eu qu'un caractère d'institutions juridiques.

M. Berr. — Jusqu'où allait la juridiction des A.?

M. Toutain. — Jusqu'à l'exclusion du membre reconnu
coupable. Mais il fallait des circonstances particulières, surtout
de caractère religieux, pour prononcer cette exclusion.

Par ailleurs, la Ligue de Délos, qui a joué un rôle considérable
en Grèce, se groupait autour d'un culte fédéral et national.

M. Doumer. — Les religions ont servi souvent — et servent
encore — à différencier les nationalités.

M. Eisler. — On trouve dans le monde sémitique une institution analogue aux A. La ville d'Hébron (en hébreu : alliance)
qui abritait un Baal Berit (dieu de l'alliance), avait constitué
une fédération de quatre villes, avec un culte commun. Par
ailleurs, Paul Haupte, de Baltimore, a donné l'étymologie suivante
du mot *Midiam*, nom d'un sanctuaire du Sinaï : *mi* = circonscription, et *diam* = jugement (cf. Médine). Le Midiam serait donc la
circonscription dans laquelle une juridiction est en vigueur, une
sorte de fédération de tribus autour du sanctuaire du Sinaï.
Le beau-père de Moïse était prêtre du Midiam. Dans le sanctuaire
fouillé par Flinders Petrie au Sinaï, on a trouvé sur la roche des
inscriptions gravées sans doute par des pèlerins. Le mot *Berit*
(alliance) pourrait faire croire à une législation fédérale. Mais
rien ne permet de supposer qu'une juridiction spéciale ait limité
l'état de guerre entre les tribus. Il y avait peut-être cepen-

dant une espèce de « trêve de Dieu » pendant les pélerinages.

M. Toutain. — Cette trêve existait en Grèce pendant les jeux olympiques.

M. Eisler. — Les cultes autour desquels se réunissaient les A. n'étaient pas grecs. Le culte d'Apollon serait d'origine crétoise, préhellénique. Les A. seraient la restauration de quelque chose d'identique à la thalassocratie minoéenne.

Delphes serait aussi préhellénique. Il y aurait eu un vieux sanctuaire aux Thermopyles. Les *pylagores* étaient les « porte-paroles », des envoyés au sanctuaire pylien. On peut supposer que le nom propre Pythagore vient du nom commun *pythagore*, c'est-à-dire « envoyé au sanctuaire pythien ».

M. Toutain. — Les textes relatifs aux A. nous disent qu'il y avait deux réunions annuelles du *synédrion*, l'une aux Thermopyles, l'autre à Delphes.

M. Eisler. — Des intérêts économiques étaient groupés autour de la Voie Sacrée, qui jouissait en quelque sorte d'un protectorat international.

M. Berr. — M. Eisler a parlé de la thalassocratie crétoise ; mais thalassocratie et A. ne sont pas la même institution, et Apollon a pu venir de Grèce sans que les A. en soient venues également.

M. Tolédano. — La plupart des ouvrages traitant de la Société des Nations citent les A. comme l'ancêtre de l'organisme de Genève. M. Toutain estime-t-il qu'il en soit ainsi?

M. Toutain. — Les A. n'étaient pas une assemblée de délégués de nations, mais une tentative pour créer un groupement de cités grecques à base religieuse.

M. Doumer. — La cité est le prototype de la nation. En Orient, la nationalité se différencie encore par la religion.

M. Eisler. — En Yougoslavie, les Croates sont catholiques et usent de l'alphabet latin, et les Serbes sont orthodoxes et se servent des caractères cyrilliques.

Les A. pourraient être comparées à la Sainte-Alliance plutôt qu'à la Société des Nations.

M. Toutain. — Et la Sainte-Alliance religieuse est devenue le système politique de Metternich.

M. Berr. — Les Barbares ne connaissaient pas la πόλις grecque.

M. Toutain. — Le Barbare était surtout celui qui ne parlait pas le grec.

M. Tolédano. — Les A. se saisissaient-elles elles-mêmes des différends entre leurs membres, ou devaient-elles en être saisies par l'un d'eux?

M. Toutain. — Le *synedrion* se saisissait lui-même des différends. On connaît d'ailleurs très peu le fonctionnement des A.

M. Bouvier. — On pourrait comparer les A. à la Confédération suisse. Dans quelle mesure l'A. est-elle intervenue dans les conflits, dans la guerre du Péloponèse, par exemple?

M. Toutain. — Elle a paru alors en sommeil, mais elle est intervenue par contre dans la guerre entre Athènes et la Macédoine. Il fallait que le conflit eût une cause religieuse.

M. Bouvier. — Le rôle de la Diète suisse était d'empêcher la guerre entre les cantons : mais elle n'y parvint pas toujours.

M. Eisler. — L'article sur le mot A. pourrait renvoyer à τὸ κοινόν, terme qui n'a pas d'équivalent en français et qui désigne une association fédérale.

M. Toutain. — La fédération formée à l'époque romaine autour du culte de la divinité impériale était un κοινόν. Les κοινά se sont peut-être moulées sur les fédérations plus anciennes, desquelles nous ne savons rien.

Un texte de Pausanias nous dit que Messène aurait pu porter devant une A. un conflit qu'elle avait avec une autre cité grecque.

M. Berr. — A l'article sur le mot A. sera ajoutée une note sur κοινόν.

SÉANCE DU MERCREDI 19 FÉVRIER 1930, à 17 h. 15 [1].

Communication de M. Lhéritier sur le mot Coopération. Discussion.

M. Lhéritier donne lecture de sa communication [2].

1. Présents : MM. Henri Berr, R. Eisler, M. Lhéritier, A. Rey, A.-D. Tolédano ; Mme Metzger, MM. R. Bouvier, P. Brunet, P. Ducassé, G. Lutfalla, A. Mieli, J.-R. de Salis.

Assistent aussi à la séance : MM. Hontcharenko et H. Bessler, *conservateur de la section de préhistoire au Musée d'histoire de Saint-Gall* (Suisse).

2. Voir p. 28 le texte de cette communication.

M. Berr. — M. Lhéritier aurait peut-être pu développer la partie de sa communication relative à la Coopération intellectuelle et à la Coopération en histoire.

Si l'on veut distinguer, d'après l'étymologie, la collaboration et la Coopération, collaboration implique d'une façon générale un travail en commun, court ou long, tandis que la C. indique un effort précis, durable, en vue de la création d'une œuvre.

M. Tolédano. — En anglais, le mot *collaboration* est d'emploi plus rare que *cooperation*. Bien souvent, le mot français Collaboration doit se traduire en anglais par *cooperation*.

Les Allemands se servent, outre *Mitwirkung*, du mot *Zusammenarbeit*.

M. Lhéritier. — Le mot a chez Aristote une portée surtout économique.

Il a été ressuscité dans son sens actuel par les Anglais vers 1821.

M. de Salis. — Quels sont les rapports entre la C. d'une part, la rationalisation et la standardisation de l'autre?

M. Lutfalla. — La rationalisation et la standardisation sont un effet de la C.

M. Berr. — Le mot semble impliquer aujourd'hui un certain idéal.

M. de Salis. — Le terme C. n'a plus le même sens selon qu'il est employé par les théoriciens du socialisme et du communisme, d'une part, ou par les bourgeois capitalistes de l'autre.

M. Lhéritier. — Les communistes n'entendent pas la C. comme nous. Ils ne songent qu'à la C. révolutionnaire.

M. Eisler. — Les marxistes et les socialdémocrates d'Allemagne ont une idéologie semblable. Ils savent qu'à partir d'un certain point, la C., ne peut plus faire de progrès. Le capitalisme offrant de plus hauts salaires aux dirigeants, les coopératives ne trouvent plus que des hommes de second plan pour diriger leurs entreprises. Les socialistes catholiques d'Autriche et de l'Allemagne du Sud se sont aussi groupés en nombreuses coopératives. La C. a beaucoup servi dans ces régions les intérêts des paysans : elle a fait disparaître l'usure agraire, grâce aux caisses de secours mutuel du système Raiffeisen.

M. Bouvier. — Dans le domaine politique, y a-t-il C. en dehors de la Société des Nations?

M. Eisler. — Il existe les trois Internationales, l'Internationale verte des paysans, l'Union interparlementaire, etc.

L'article sur C. pourrait renvoyer à Division du travail et à Solidarité.

A une question de Mme Metzger, M. Lhéritier répond qu'en effet les Académies ont été une des premières formes de la C. intellectuelle.

M. Hontcharenko. — Tougan-Baranovski, économiste ukrainien, mort en 1919, a écrit un gros volume sur la C. Il donna à ce terme un sens de spontanéité, de bonne volonté. Mais les marxistes, comme Boukharine, lui ont attribué une portée politique ; la C. est une force qui *doit* grouper les individus : tel est le cas pour les *colchoses*, ou coopératives de paysans, qui existent actuellement en Russie soviétique et en Ukraine.

Il existe peut-être deux espèces de C. : l'une européenne, nstinctive, l'autre russe, imposée.

M. Berr. — Dans ce dernier cas, il ne s'agit que d'une caricature de C.

M. Eisler. — En Allemagne, il y a, à côté des institutions de Coopération spontanée, *Genossenschaften* et *Gilden*, des *Zwangsgenossenschaften* qu'impose l'État à certains groupes de métiers qui se sont montrés réfractaires à la C. volontaire.

M. Berr. — Ce n'est pas là non plus la C. La C. concilie le principe d'association et celui d'individualisme.

M. Lutfalla. — Pour ce qui est de la C. économique, les groupements non coopératifs doivent fatalement entrer dans une coopérative, s'ils ne veulent pas être étouffés.

M. Lhéritier. — Nous sommes arrivés aujourd'hui à une notion épurée, idéale, de la C. On peut se demander jusqu'à quel point cette notion correspond à la réalité.

M. Ducassé. — Dans les associations syndicales de propriétaires, la C. peut être effective ou librement consentie. L'idéal n'a pas été complètement réalisé.

M. Lhéritier. — Dans le domaine de la C. intellectuelle, seule l'élite intellectuelle coopère ; dans celui de la C. économique, nous en sommes encore au deuxième stade de la C.

SÉANCE DU MERCREDI 2 AVRIL 1930, à 17 h. 15[1].

Exposé de M. de Salis sur la Sociologie en Allemagne.
Discussion.

M. DE SALIS donne lecture de son exposé[2].

M. BERR. — L'intéressante communication de M. de Salis gagnerait en précision, si son auteur exposait avec plus de relief les idées du professeur von Wiese. Celui-ci a certes voulu faire de la sociologie une science, mais j'estime que ses idées n'ont pas toujours une précision suffisante.

M. DE SALIS. — Je n'ai pas voulu parler spécialement de von Wiese, car cela m'aurait entraîné trop loin. Si j'avais exposé les idées plutôt théoriques de cet auteur, il m'eût également fallu parler de Brinckmann, — dont les conceptions se rapprochent plus de la synthèse, — et aussi de Sombart.

M. BERR. — Je crois qu'il nous serait utile de revenir sur la question dans une séance ultérieure et d'étudier plus en détails les tendances des représentants des différents mouvements sociologiques en Allemagne.

M. SIEGERIST. — A Leipzig, le cours que fait le professeur Freyer depuis cinq ans est très suivi. Freyer a écrit notamment un ouvrage intitulé *Der Staat*. Mais il a des tendances d'ordre pratique et s'occupe de politique sociale. L'Université de Leipzig comporte un institut de sociologie.

M. BERR. — Il y a eu une évolution dans le haut enseignement allemand. Avant la sociologie, la *Geschichtsphilosophie* y a été fort à la mode.

M. SIEGERIST. — Cette mode règne encore.

M. BERR. — Beaucoup de théoriciens de la *Geschichtsphiloso-phie* vont vers la sociologie, mais ils y introduisent les préoccupations de cette philosophie. Or, étudier la société ou étudier les sociétés, ce n'est pas une seule et même chose.

M. HARSIN. — Quelle importance convient-il d'attribuer au

---

1. Présents : MM. Henri Berr, A.-D. Tolédano; Mme Metzger, MM. R. Bouvier, P. Brunet, G. Lutfalla, A. Mieli.

Assistent aussi à la séance : MM. Paul Harsin, professeur à l'Université de Liége, et Siegerist, professeur à l'Université de Leipzig.

2. L'article publié dans le corps même de la Revue, p. 57 à 69, résume les exposés du 2 et du 9 avril et a profité des discussions en séance.

fait que les sociologues allemands, morts ou vivants, n'ont pas occupé de chaire de sociologie ? La cause en est peut-être que ces professeurs avaient des intérêts d'ordre plus pratique que scientifique.

M. DE SALIS. — J'estime que tel est le cas. J'ajouterai qu'ils avaient aussi des préoccupations d'ordre philosophique.

M. BERR. — Spencer, Comte, Espinas n'ont pas enseigné non plus.

Je voudrais remarquer que tout le travail sociologique de notre époque a été préparé par Montesquieu. La sociologie a introduit la possibilité d'une étude des faits humains du passé plus scientifique que celle que l'histoire pure paraissait comporter.

M. DE SALIS. — Karl Marx recherchait des lois de la société, et il se peut qu'il les ait trouvées.

M. BOUVIER. — J'aimerais savoir sur quel point a porté la polémique entre Mannheim et Curtius, dont a parlé M. de Salis.

SÉANCE DU MERCREDI 9 AVRIL 1930, à 17 h. 15[1].

Nouvel exposé de M. de Salis sur la Sociologie allemande. Discussion.

M. DE SALIS donne lecture de son exposé[2].

M. FAUCONNET. — L'éveil de la sociologie a été plus tardif en Allemagne qu'en France et nous assistons actuellement outre-Rhin aux mêmes discussions que chez nous il y a trente ans. Ces discussions sont relatives à des questions de doctrine qui se poseront toujours, ou au sujet desquelles on a, depuis très longtemps, en France, pris position.

M. MAUNIER. — Je pense que les questions qu'on discute maintenant en Allemagne n'ont plus à se poser. La sociologie doit être une étude positive des faits sociaux. Le problème des rapports entre la sociologie et les sciences sociales, l'économie politique ou le droit, tel que l'étudient les Allemands, n'a pas donné de résultats

---

1. Présents : MM. Henri Berr, A. Rey, André D. Tolédano ; M*** Metzger, MM. R. Bouvier, P. Brunet, G. Lutfalla, Aldo Mieli, J.-R. de Salis. Assistent également à la séance : MM. Bouxin, Fauconnet, R. Maunier, J. de Pange, Simonius (de Bâle).

2. Voir la note 2 de la p. 13.

fructueux ; les sociologues comme Oppenheimer n'arrivent pas à constituer une sociologie distincte des sciences sociales particulières.

La sociologie allemande d'après la guerre ne diffère pas sensiblement de celle d'avant la guerre, et de cette sociologie « innommée » dont les tendances sont déjà anciennes, mais qui n'a rien ajouté à l'école historique du droit développée en Allemagne vers 1800, à celle d'économie politique qui date de 1830, à la « Völkerpsychologie » dont les doctrines remontent à 1870 environ, enfin à l'ethnologie comparée, d'après 1870.

M. DE SALIS. — Il est très difficile de trouver en Allemagne un nouvel élément spécifiquement sociologique. Les sociologues font des emprunts à toutes les autres théories.

M. MAUNIER. — Beaucoup de sociologues allemands ne peuvent se libérer du marxisme, et de telles autres inquiétudes d'ordre pratique et pragmatique. Simmel et Vierkandt étaient certes plus théoriciens.

M. FAUCONNET. — Cependant la Volkerpsychologie de Wundt fut une tentative remarquable quoique vieillie aujourd'hui.

M. MAUNIER. — Les sociologues allemands prennent leur bien chez les Anglais et les Américains ; mais ils affectent, semble-t-il, d'ignorer les Français (quelques exemples à l'appui de cette affirmation). M. de Salis pourrait nous dire les raisons de cette attitude.

M. DE SALIS. — Je ne connais pas les raisons de cette attitude. Je ferai cependant remarquer que von Wiese fait la part belle à la science française. Peut-être les sociologues allemands connaissent-ils mieux l'anglais que le français.

M. BERR. — Von Wiese, ainsi que Gottfried Salomon, a une grande curiosité des choses étrangères, particulièrement de la science française, mais le dernier a aussi des préoccupations pratiques, tandis que von Wiese s'attache plus que les autres à la sociologie pure.

M. SIMONIUS. — Les sociologues allemands sont hantés par des soucis philosophiques et par les doctrines de la théorie de la connaissance. Ils cherchent à définir la sociologie au lieu d'observer les faits sociaux, comme le fait la sociologie française, leur aînée de beaucoup.

Ce phénomène est dû au désarroi qu'a jeté la théorie kantienne : on a perdu contact avec la réalité, on a cherché et on cherche à conserver ou à réformer la théorie kantienne. Ainsi le tiers du livre de Mannheim est réservé à des questions théoriques tout à fait superflues.

M. Abel Rey. — L'école de sociologie française cherche à aller plus profondément et à découvrir les méthodes permettant d'atteindre les réalités psychologiques des faits sociaux.

M. Berr. — Les discussions entre sociologues français, comme le montre leur effort pour donner une interprétation sociologique de la vie mentale, sont extrêmement intéressantes, quoiqu'elles aboutissent à des excès.

M. Fauconnet. — Les sociologues ont sans doute exagéré la part qui revient à la société : ce sont là des excès inhérents à toute nouvelle science. On ne peut refuser de faire sa part à l'individuel ; il n'y a pas là deux thèses contraires, mais deux habitudes d'esprit différentes. La recherche de l'individuel est plus ancienne, mais il ne faut pas négliger non plus la part de la société dans le progrès des sciences, du moins à titre d'hypothèse méthodologique. Ce problème de l'individuel et du social est encore posé par la sociologie en Allemagne, tandis qu'il ne l'est plus guère en France, où l'on estime qu'il ne peut être posé qu'à la fin des recherches des sociologues.

M. Berr. — Je suis tout à fait d'accord avec M. Fauconnet, mais je fais remarquer que les concessions faites par les sociologues au sujet du rôle de l'individuel ne sont venues que plus tard. Personnellement je ne représente pas les tendances individualistes, mais je cherche ce qui est scientifique, utilisable et nécessaire dans les travaux de Durkheim et de son école. Je crois que le développement intellectuel, certes, ne se serait pas produit sans la société, mais je persiste à affirmer que la société *ne pense pas*.

M. Fauconnet. — La sociologie française, même chez Durkheim dont les tendances étaient cependant quelque peu philosophiques, mais dont les écrits peut-être les plus intéressants sont encore inédits, se distingue par ce fait qu'elle a réussi à s'affranchir des questions purement philosophiques. Or les sociologues allemands s'y attardent encore.

M. Berr. — Je suis de l'avis de M. Fauconnet. C'est à propos des faits qu'on doit se poser ces questions.

M. Fauconnet. — Du point de vue heuristique, les tendances

sociologiques sont encore loin d'avoir donné tout ce qu'elles pourront donner, tandis que la tendance psychologique est déjà très avancée dans ses recherches. Il faut donc encourager la tendance sociologique, et il n'est peut-être pas mauvais d'exagérer un point de vue lorsqu'il est nouveau.

M. Berr. — C'est précisément ce que j'ai dit, à propos de l'école durkheimienne dans mon livre sur *la Synthèse en histoire* ; il n'en est pas moins vrai qu'il faut, en conclusion scientifique, remettre les choses au point.

SÉANCE DU MERCREDI 7 MAI 1930, à 17 h. 15 [1].

Communication du Dr Nathan sur le mot Extase. Discussion.

Le Dr Nathan donne lecture de sa communication [2].

M. Eisler. — Je désire compléter la partie historique de l'exposé du Dr Nathan. Que l'on me permette pour cela de citer un chapitre de mon travail paru en 1924 et relatif aux mystères orphiques. L'idée de l'E. se trouve déjà chez Platon, qui l'avait prise dans les mystères à base orientale. Dans l'E. l'âme sort de son enveloppe charnelle, c'est-à-dire du corps, et cela par des procédés magiques, en revêtant un masque, une peau de bête, etc. Chez les Égyptiens, la conception de l'E., et le mot même existent déjà. Selon eux, on peut faire sortir l'âme du tombeau et la faire entrer dans n'importe quelle créature vivante, afin de lui épargner l'ennui du sépulcre. Ceci implique que l'on connaissait les formules qui permettaient, croyait-on, de faire sortir l'âme du corps pendant la vie. Le poète anglais Tennyson décrit dans un de ses livres la transe qui est identique à l'E. Il obtient cette transe en répétant plusieurs fois son nom, ce qui amène une dissolution de la personnalité. En prenant une dose de mescaline, on arrive à faire disparaître la différence entre le moi et le non-moi. Tennyson donne de la transe une description analogue à celle que nous donnons du mysticisme, mais qui n'est pas d'essence religieuse.

---

1. Présents : MM. Henri Berr, P. Alphandéry, R. Eisler, A.-D. Tolédano ; Mme H. Metzger, le R. P. Bruno, MM. R. Bouvier, G. Lutfalla, le Dr M. Nathan, J.-R. de Salis.
2. Voir p. 36 le texte de cette communication.

Cette transe aboutit à l'annihilation du centre de gravité de la conscience, c'est-à-dire du moi empirique.

La mystique d'Algaçali n'a pas subi l'influence chrétienne, mais bien celle du néoplatonisme. On trouve chez Algaçali l'ascension jusqu'au ciel, ce qui rappelle le 4e ciel dont parle saint Paul. On peut rapprocher de tout ceci l'idée platonicienne que l'âme est enterrée dans la prison du corps. Les mystères permettaient de faire sortir l'âme du corps, ce qui implique une conception animiste. La Psyché est représentée sous la forme d'un papillon ou d'une pupille de l'œil. C'est en général l'h aleine du corps. Dans la catalepsie, le corps devient froid et présente tous les symptômes de la mort. Pendant la nuit, le centre de localisation de la conscience peut se déplacer. Une conception très ancienne veut que l'homme soit un dieu emprisonné sous une forme animale. Les statues placées sur les tombeaux rappellent cette croyance ; l'âme y entre et y reste. Une fois libérée du joug du centre de gravité, l'âme peut se réunir au grand tout, à la divinité.

On retrouve chez les Juifs une profonde mystique extatique. Les documents cabbalistiques et ceux des Hassidim nous fournissent de précieuses indications à ce sujet.

Le Dr Nathan. — J'ai parlé de ces questions dans mon article sur le mot Mysticisme.

M. Berr. — Les indications de M. Eisler pourront être ajoutées à la partie de l'article relative à l'étymologie et à l'histoire.

M. Alphandéry. — Le langage de l'E. peut comprendre dans une certaine mesure aussi de la Glossolalie. Sainte Hildegarde nous dit qu'elle n'a presque pas eu d'E., mais elle a fait usage d'une *lingua ignota*, produit de l'E. On peut consulter sur cette question le travail de Lombard.

Le D^rM. Nathan. — Je suis d'accord avec M. Alphandéry. Je signale à ce sujet la thèse de Sénac sur la Glossolalie, ainsi que les travaux de Flournoy.

M. Eisler. — Je me permets de rappeler aussi un article que j'ai publié dans les *Archiven für Religionswissenschaft*.

M. Alphandéry. — On retrouve aussi l'E. chez les Salutistes. Quant à dire, comme le Dr Nathan, que les métapsychistes ne sont pas des animistes, c'est jouer un peu sur les mots. Ce qu'ils appellent conscience ou esprit, c'est tout simplement l'âme.

Le Dr Nathan ne croit-il pas que les skizoïdes, qui ont des

extases, sont des hypertendus, psychologiquement parlant?
Sainte Hildegarde, qui est une très grande figure du Moyen Age,
était une hypertendue plutôt qu'une hypotendue.

Le Dr NATHAN. — Les skizoïdes sont encore mal définis. On a
affaire à des sujets qui se sont réfugiés dans la vie intérieure, et
qui ne rapportent pas aux autres leurs expériences, à moins qu'on
ait pu gagner leur confiance. Les skizoïdes restent souvent dans
la vie intérieure, parce qu'ils n'ont pas l'occasion d'entrer dans la
réalité.

M. EISLER. — Abraham Warburg, de Hamburg, était skizo-
phrène. Il a fait une curieuse conférence sur l'analogie entre les
phénomènes skizoïdes et la mentalité des Indiens Pueblos.

Le R. P. BRUNO. — Mme Acarie, que j'ai étudiée, jouait aux
jonchets avec ses enfants tout en étant en E. Elle gardait donc
une lucidité et une conscience suffisantes pour agir. Il n'en est pas
toujours ainsi, surtout dans le ravissement.

Les directeurs de conscience savent bien que l'E. n'est pas
nécessairement signe de sainteté. L'extase est un phénomène
concomitant. Pour saint Jean de la Croix, elle est secondaire.

M. BERR. — L'E. provoquée ne vient-elle pas d'un entraine-
ment mystique?

M. ALPHANDÉRY. — L'E. est une hypotension morbide, et une
hypertension religieuse.

. Le R. P. BRUNO. — Les personnes sujettes à l'E. entrent souvent en E. sans préparation, en plein milieu de la vie courante.
D'autre part sainte Thérèse, après ses extases, n'éprouvait pas
des dépressions mais des améliorations. Et ceci différencierait
le psychisme des mystiques de celui des psychonévrosés, con-
clut Laignel-Lavastine.

Enfin, j'ajoute qu'après l'E. les mystiques éprouvent un sentiment de plénitude, de paix et de certitude d'union avec Dieu.

Mme METZGER. — L'inspiration scientifique aurait-elle
quelques rapports avec l'E ?.

Le Dr NATHAN. — Je ne le crois pas. L'inspiration scientifique
est plutôt due à un travail intérieur dont on n'a pas conscience.

Mme METZGER. — Van Helmont, l'historien de la chimie, mêle
la prière, l'E. et le jeûne à son travail scientifique.

SÉANCE DU MERCREDI 14 MAI 1930, A 17 h. 15 [1].

Quelques remarques sur le mot Droit, par M. H. Lévy-Bruhl.

Discussion.

M. Lévy-Bruhl donne lecture de ses remarques [2].

M. Le Fur. — Je me suis placé volontairement à un point de vue assez spécial, car la question à traiter était très vaste. Mais même du point de vue sociologique, je maintiens ce que j'ai écrit dans mon article. J'estime que le Droit régit les rapports familiaux même dans la famille romaine, où se posaient notamment des questions de pécule entre père et fils.

M. Lévy-Bruhl. — Oui, mais on était alors en présence d'une désagrégation de la famille.

M. Le Fur. — Précisément, ce sont des questions de ce genre que le Droit a à réglementer. Les rapports de Droit existent aussi dans la gens et dans le clan, et même dans les relations internationales, sinon on serait amené à nier l'existence du Droit international avant la Société des Nations et même encore aujourd'hui.

M. Lévy-Bruhl. — Dès qu'il y a rudiment de communauté internationale, il y a Droit international, encore que la sanction soit incertaine.

M. Le Fur. — Vous m'avez fait grief de mêler le Droit et la morale, et aussi de confondre la religion et le Droit. Sur ce dernier point, je ferais remarquer que l'on avait estimé que je n'insistais pas suffisamment sur les origines religieuses du Droit, et c'est pour cela que je l'ai fait davantage.

Je considère certes qu'il faut distinguer la morale et le Droit, mais j'ai dit que le Droit ne va pas contre la morale, sinon il faudrait nier l'existence de l'obligation morale de la respecter. Si, par ailleurs, j'ai employé le mot synthèse, c'est qu'à mon avis le Droit est un mélange d'éléments historiques, économiques et moraux. On ne peut pas non plus dissocier le Droit de la morale que de l'histoire ou de l'économie politique. Le juste est une idée

1. Présents : MM. Henri Berr, Léon Cahen, R. Eisler, Henri Lévy-Bruhl, A. Rey, A.-D Tolédano ; Mme H. Metzer, MM. R. Bouvier, P. Brunet, L. Le Fur, B. Mirkine-Guetzévitch, J.-R. de Salis.
2. Voir p. 45 le texte de ces remarques.

synthétique, ce n'est uniquement ni le beau, ni l'utile, ni le moral.

Pour ce qui est du Droit naturel, je ne tiens pas à ce mot : je dirais. plutôt Droit rationnel, ou objectif. Mais ce que j'affirme, c'est qu'il n'y a que bien peu de juristes à soutenir que le Droit, c'est exclusivement la loi. L'histoire du Droit démontre à l'évidence qu'il existe un certain nombre de principes juridiques qui ne changent pas, et qu'on retrouve identiques dans le code d'Hammourabi, dans les législations de l'Égypte ancienne ou dans les lois de Moïse. Peut-on citer une seule législation qui ne prescrive pas le respect des contrats, la réparation du tort injustement causé ?

Si vous admettez la coutume, vous ne pouvez pas dire que le Droit n'a aucun rapport avec la morale. Le législateur, lorsqu'il élabore la loi, fait du Droit sans doute, — le Droit n'existe pas uniquement lorsqu'il l'a posé, — et il en fait en se laissant guider par certains principes, qui sont justement les principes généraux du Droit. Concevoir le Droit comme l'étude exclusive des actes législatifs, c'est émettre une nouvelle théorie du Droit, contraire à celle qui a toujours dominé, de l'antiquité à nos jours.

M. Lévy-Bruhl. — Les mœurs sont de caractère moral, la coutume représente la sanction des mœurs. Quant au droit international, il est intermédiaire entre la morale et le Droit.

M. Le Fur. — Je ferai remarquer que la presque totalité des juristes, même Allemands, y reconnaissent bien un Droit, incomplet peut-être, mais cependant un Droit véritable.

M. Berr. — Il peut cependant être intéressant de définir le Droit positif, les idées de groupes qui ont certaines tendances.

M. Eisler. — Il existe un Droit utopique, par exemple le Droit mosaïque représente des propositions d'agitateur politique.

M. Mirkine-Guetzévitch. — Le point de vue de M. Le Fur ne peut se concilier avec celui de M. Lévy-Bruhl. Personnellement, je souscris, sinon entièrement, du moins, en grande partie, au point de vue de M. Le Fur. Pour le but que nous poursuivons, la définition de M. Lévy-Bruhl, il me sémble, est une affirmation dogmatique, à savoir que le Droit c'est la loi. Les juristes positivistes qui partagent l'avis de M. Lévy-Brühl nous donnent une théorie trop étroite, puisque, si l'on ne peut plus discerner le bon et le mauvais Droit, le point de vue historique disparaît.

L'effet social et moral du Droit est un fait qu'on ne peut négliger. La forme de composition du Droit au point de vue historique est plus intéressante que le Droit même. Or la technique juridique ne dit pas si le Droit est bon ou mauvais.

Le Droit soviétique est un mauvais Droit du point de vue de la conscience juridique, car les sujets de Droit ne sont pas consultés par le législateur.

La définition de M. Le Fur nous fournit un critérium nous permettant de rechercher la part prise par le Droit dans l'histoire de la civilisation.

M. Berr. — Il a existé des institutions équivalant aux institutions juridiques longtemps avant qu'il ait eu un Droit écrit.

M. Eisler. — La théorie de M. Lévy-Bruhl est analogue à celle du juriste allemand Kelsen.

M. Le Fur. — Je n'accepte pas cette théorie, qui ruine l'essence même du Droit. Elle est d'ailleurs aujourd'hui de plus en plus combattue et rejetée.

M. Eisler. — Je ne crois pas qu'il puisse y avoir des rapports de Droit entre les différents membres de la famille, à cause de l'autorité du père qui veut être égale pour tous. Sir R. Phillimore, dans son livre intitulé *Patriarca*, fait dériver le Droit de l'autorité paternelle.

Je ne vois pas qu'il soit possible de donner une méthode permettant d'établir un critérium pour le Droit, car on émettrait un jugement de valeur portant sur ce qui devrait être, tandis que la science étudie seulement ce qui est. Si l'individu exprime sa volonté seule, sans avoir à sa disposition la puissance de l'argent ou toute autre puissance, cette volonté ne compte pas. Si, d'autre part, il exprime la volonté de ses contemporains, qui est une volonté intersubjective, il l'imposera à ceux qui l'entourent.

Il faut purifier nos définitions de jugements de valeur. Du reste, on peut se demander quel est le bien commun : est-ce celui du nombre ou celui de l'élite ?

M. de Salis. — Je me sens perplexe. M. Lévy-Bruhl élève des cloisons entre différents domaines. Il me semble cependant difficile de séparer le *de lege lata* du *de lege ferenda*. Le législateur, selon M. Lévy-Bruhl, devrait être un politicien et un moraliste, tandis que le juriste serait condamné au silence.

M. Lévy-Bruhl. — L'effort individuel du législateur n'est pas du Droit. Le Droit commence lorsque la règle juridique est promulguée ou appliquée.

M. Berr. — Dans l'intérêt de notre Vocabulaire, qui cherche à analyser le contenu du mot Droit, il faudrait distinguer l'histoire et l'évolution du Droit positif d'une part, et d'autre part les idées qui tendent à modifier le Droit.

M. Lévy-Bruhl. — Ces idées ne sont pas du Droit.

M. Berr. — Disons plutôt qu'elles ne sont pas du Droit positif.

M. Mirkine-Guetzévitch. — Nous pourrions distinguer le Droit positif du Droit tout court, et de la théorie et philosophie du Droit.

M. Lévy-Bruhl. — Je ne suis pas d'accord.

M. Le Fur. — Dans la théorie positive, quand on critique le Droit, on ne fait pas du Droit. Ainsi, dans les facultés de Droit, dès qu'on cesse l'explication littérale des textes, ce n'est plus du Droit que l'on fait. Quoi donc alors, car ce n'est sans doute ni de la philosophie, ni de l'histoire, ni de la politique ! Il est donc clair que cette théorie donne un sens nouveau au mot Droit et si c'est ce sens que vous acceptez, vous ne donnerez pas une définition conforme à la vérité historique.

M. Berr. — Nous pourrions, dans le Vocabulaire, appeler l'attention sur les applications diverses du mot Droit. Il y a des états successifs du Droit et des travaux perpétuels qui le font évoluer.

M. Le Fur. — Pour M. Lévy-Bruhl, tous les systèmes du Droit e valent, puisque aucun critérium ne permet d'en apprécier la valeur.

M. Lévy-Bruhl. — Oui, lorsqu'on les étudie en tant que savant.

II

PROJETS D'ARTICLES
DU VOCABULAIRE

AMPHICTYONIE
Par J. Toutain.

Amphictyons, Amphictyonie. — L'orthographe courante du mot chez les écrivains grecs est Ἀμφικτύων, Ἀμφικτύονες, Ἀμφικτυονία; toutefois, une monnaie d'argent frappée par les Amphictyons de Delphes, porte Αμφικτίο(νες) et Pausanias (X, 8, § 1) signale l'opinion d'Androtion, auteur d'une Atthis, d'après lequel ce serait là la forme primitive du mot, qui par la suite se serait altérée. L'élément verbal -κτιονες se rattacherait à un radical κτι, qui a donné les mots κτίζω, fonder, établir ; κτίσις, établissement, construction, et que l'on retrouve dans le terme poétique περικτίονες, habitants d'alentour. Au contraire, l'élément κτυων, κτυονες, reste inexplicable. Quoi qu'il en soit, la première partie du mot, ἀμφι, indique sans aucun doute que le terme Αμφικτύονες, Αμφικτυονία désigne un groupement constitué autour d'un élément central, d'un noyau.

Pour déterminer le caractère de ce groupement, de cette fédération, il faut d'abord déterminer avec précision les groupements qui portaient le nom d'Amphictyonie. Parmi les fédérations qui sont représentées soit formellement, soit avec quelques réserves, comme des Amphictyonies, il en est plusieurs auxquelles ce nom n'a jamais été donné dans l'antiquité et qui, pour cette raison, nous paraissent devoir être écartées ; ce sont les prétendues amphictyonies : d'Erétrie en Eubée, de Samicum en Elide, de l'Ionie d'Asie au promontoire de Mycale, de la Doride d'Asie au Triopium. Il n'est pas impossible, bien que le texte de Strabon ne laisse pas que d'être obscur (IX, 2, § 33), qu'il ait existé anciennement une amphictyonie à Onchestos, en Béotie, au sud

du lac Copaïs. Mais les trois amphictyonies certaines, les trois
fédérations qui sont ainsi dénommées ou dont les membres
portent le titre d'Amphictyons dans les documents, ce sont celles
de Calaurie, en Argolide ; de Délos, de Delphes. Elles sont toutes
les trois groupées autour d'un dieu, d'un sanctuaire, d'un culte.

L'amphictyonie de Calaurie avait pour centre le temple de
Poseidon ; elle se composait de sept villes : Hermione, Epidaure,
Egine, Athènes, Prasiae, Nauplie, Orchomène de Béotie. Par
suite de circonstances historiques, Prasiae fut remplacée par
Lacédémone, Nauplie par Argos. Les sept villes de l'amphictyonie participaient ensemble aux sacrifices : μέτειχον τῆς
θυσίας (Strabon, VIII, 6, § 14). L'amphictyonie mentionnée par
Pausanias (IV, 5, § 2), et devant laquelle les Messéniens auraient
pu porter leur querelle avec Sparte avant l'explosion des guerres
de Messénie, amphictyonie dont Argos faisait partie, était peut-
être celle de Calaurie. Mais le texte de Pausanias manque de
précision.

En ce qui concerne le groupement constitué autour du sanctuaire d'Apollon à Délos, le terme Αμφικτυονία ne se rencontre
ni dans l'Hymne homérique à Apollon (133 et suiv.), ni dans
Thucydide (III, 104), ni dans Plutarque (Thésée, 21), textes où il
est longuement question de ce sanctuaire comme d'un sanctuaire
commun aux Ioniens. Mais dans plusieurs textes épigraphiques,
réunis et commentés par Homolle (*Bulletin de correspondance
hellénique*, VIII (1884), p. 282 et suivantes), il est fait mention
d'Amphictyons, plus exactement d'Amphictyons des Athéniens,
chargés d'administrer les revenus et les richesses du dieu.

Quant à l'amphictyonie de Delphes, dont le centre était le
grand temple d'Apollon Pythien, c'est de beaucoup la mieux
connue. Nous y reviendrons plus loin.

Ce que nous voulons seulement mettre en lumière dès maintenant, c'est que dans les fédérations, ayant vraiment droit
au titre d'amphictyonie, le lien fédéral est essentiellement religieux. Dans l'amphictyonie de Calaurie, il y a des villes d'Argolide, de Laconie, d'Attique, de Béotie ; dans l'amphictyonie
Delphique, il y a des Ioniens, des Doriens, des Achéens de
Phitotide, des Thessaliens, des Phocidiens. L'unité de ces fédérations n'est fondée ni sur le voisinage géographique, ni sur
l'identité d'origine, et l'on trouverait difficilement des intérêts

communs à Prasiae et à Orchomène de Béotie, aux peuplades
médiocres de la Thessalie méridionale et à l'ensemble des Ioniens,
qui les uns et les autres faisaient partie de l'amphictyonie delphique.

C'est précisément le lien religieux qui crée pour les villes
groupées dans une même amphictyonie des obligations réciproques très rigoureuses, garanties par un serment et par une imprécation terrible contre l'imprudent qui violerait son serment
(Eschine, Contre Ctésiphon, p. 83).

Une étude, même sommaire, de l'amphictyonie delphique,
nous permet de décrire l'organisation d'une amphictyonie, de
préciser son rôle, la nature et les divers modes de son action.

A l'origine, l'amphictyonie delphique se composait de douze
peuples. Pausanias nous en donne la liste. Au cours des âges,
cette liste se modifia; en tenant compte des données fournies par
d'autres documents, P. Foucart a dressé, comme suit, la liste
des membres de l'amphictyonie delphique avant le ive siècle :
Thessaliens, Phocidiens, Doriens, Ioniens, Béotiens, Phtiotes,
Maliens, Oetéens, Perrhèbes et Dolopes, Magnètes, Œnianes,
Locriens (Epicnémidiens). Il est à remarquer que ces peuples
sont tous groupés dans la partie de la Grèce que traversait la
route suivie par la Daphnéphorie entre Delphes et la vallée
de Tempé, route appelée parfois la Voie sacrée comme la route
d'Athènes à Eleusis. A partir du ive siècle, l'amphictyonie
delphique connut de nombreuses vicissitudes : les Phocidiens
en furent exclus ; les Macédoniens les y remplacèrent ; puis les
Phocidiens y furent de nouveau admis pour avoir contribué à
repousser les Gaulois devant Delphes en 278 av. J.-C. Un peu
plus tard les Étoliens tinrent dans l'amphictyonie une place
importante. Une réforme très grave fut réalisée par Auguste.
L'amphictyonie existait encore sous Hadrien. Après l'époque
des Antonins on n'en trouve plus trace.

L'organe actif de l'amphictyonie delphique était un conseil
(συνέδριον), composé de 24 membres, Amphictyons ou Hiéromnémons, délégués à raison de deux par chacun des peuples composant l'amphictyonie. En principe, tous les délégués avaient
dans le Conseil amphictyonique des droits égaux ; en fait, les
délégués de villes comme Athènes, représentant les Ioniens, ou
Sparte, représentant les Doriens, et plus tard, les délégués des

Macédoniens possédaient une autorité bien supérieure à celle
que pouvaient exercer les délégués des Maliens, des Oetéens, des
Dolopes. Outre les 24 Amphictyons ou Hiéromnémons, les membres de l'Amphictyonie envoyaient aux réunions du conseil des
personnages appelés Pylagores, dont le nombre n'était pas limité
et qui prenaient part aux séances. Il y avait deux sessions par an
du Conseil des Amphictyons delphiques : l'une se tenait aux
Thermopyles, l'autre à Delphes même.

En combinant un texte général de Strabon (IX, 3, § 7), divers
passages de Pausanias et de nombreuses allusions contenues dans
plusieurs historiens antiques, on a pu fixer les principales attri-
butions du Conseil des Amphictyons : surveillance du culte
d'Apollon Pythien ; création, présidence, célébration des Jeux
Pythiques ; intendance du sanctuaire et administration de ses
richesses ; surveillance, protection et respect du territoire sacré
considéré comme la propriété du dieu ; attribution de récom-
penses et de titres aux bienfaiteurs et aux donateurs ; juridiction
entre les villes faisant partie de l'amphictyonie. En outre, les
événements eux-mêmes amenèrent l'amphictyonie de Delphes à
intervenir dans les conflits politiques et nationaux. Au moment
des guerres médiques, elle fut impuissante, une partie de ses
membres s'étant soumise aux Perses. Elle manifesta du moins
son action, après la victoire, en rendant hommage à l'exploit
de Skyllis de Skioné et de sa fille Hydna, qui, excellents plon-
geurs, étaient allés au cours d'une violente tempête couper sous
l'eau les cordages retenant les ancres des vaisseaux perses réfugiés au pied du Pélion, et en flétrissant la trahison d'Ephialte.
Mais les Amphictyons se trouvèrent mêlés directement à la
guerre entre Philippe de Macédoine et Athènes, plus tard
aux luttes entre les Achéens et les Étoliens. Souvent l'amphictyonie delphique servit d'instrument aux ambitions de certains
souverains ou de certaines ligues. Et d'autre part, elle n'apparut
à aucun moment comme le champion de l'indépendance nationale contre Rome.

L'importance de l'amphictyonie delphique dans la vie religieuse et parfois dans la vie politique de la Grèce permet de
penser qu'il s'agit d'elle dans les textes où les mots Amphictyons,
Amphictyonie ne sont accompagnés d'aucune épithète, d'aucune
mention précise (Pausanias VI, 4, § 3 ; Tacite, *Annales*, IV, 14).

L'amphictyonie, institution qui semble avoir été particulière au monde grec, se présente à nous comme une tentative pour remédier à l'isolement dans lequel le régime strictement municipal plaçait les villes grecques. Elle fut une application limitée de l'idée fédérale, fondée sur la communauté religieuse.

COOPÉRATION
par Michel Lhéritier.

Sans être très ancien, le mot Coopération a déjà une belle carrière. De particulier, son sens est devenu de plus en plus général. Il s'est épanoui en quelque sorte. Il en est venu à représenter un mode d'agir, de vivre et de penser. Il renferme une technique, une doctrine, une philosophie. Il déborde le cadre des dictionnaires ; il appartient aux encyclopédies.

Son origine n'est pas des plus anciennes. Son étymologie est latine, *cum operare*, qui aurait pu donner aussi bien, suivant les spécialistes, conopérer, conopération, etc... Le mot coopération a eu son équivalent en grec, συνεργία, qu'on trouve dans Aristote avec un sens assez restreint. Le mot *cooperatio* semble avoir existé à peine en latin. Dans le latin médiéval, d'après le dictionnaire de du Cange, *Glossarium mediae et infimae latinitatis*, le mot cooperatio n'existe pas ; on trouve *Cooperator*, dans le sens de celui qui domos cooperit, qui couvre les maisons, cooperator devant donner *coopertor* en attendant couvreur ; on trouve d'autre part dans le du Cange *collaborator*, dans le sens de collaborateur, celui qui *laborat cum alio*, qui travaille avec un autre.

Il est assez frappant de constater à ce propos que des deux mots, Collaboration et Coopération, qui auraient paru devoir se développer parallèlement à cause de leur sens analogue, l'un le premier, le plus ancien, ne s'est développé à peu près d'aucune manière, alors que le second, plus récent, et peut-être plus artificiel, aussi, prenait toujours plus d'ampleur.

Le mot Coopération est une création savante des lettrés de la Renaissance. D'après Littré, Calvin parle de la grâce *coopérante*, Amyot emploie le verbe *coopérer*, et Montaigne emploie, peut-être le premier, le mot de *coopération* dans la phrase suivante : « Je ne pense pas qu'il nous siese bien de nous laisser instruire à un payen combien c'est d'impiété de n'attendre de Dieu nul secours simplement sien et sans notre coopération » (Montaigne, t. IV, p. 201).

C'est la première époque du mot. Tout nouvellement créé, il prend son sens directement dans l'actualité. La question religieuse est alors tout au premier plan ; elle le restera longtemps avec les querelles du protestantisme d'abord, ensuite avec celles du jansénisme. Le mot Coopération s'applique à cette question ; il s'emploie couramment à propos de la grâce coopérant avec la volonté de l'homme, lui prêtant son appui surhumain. Encore au xviiie siècle, c'est dans ce sens surtout que le mot s'emploie. On lit dans l'*Encyclopédie* de Diderot de 1754 : « Ce terme (de Coopération) s'emploie beaucoup plus fréquemment en matière théologique qu'en aucune autre. On en tire les termes coopération, coopératrice, coopérer, qui ne renferment que les mêmes idées considérées sous différentes faces grammaticales ».

La philosophie du xviiie siècle, plutôt individualiste et anticléricale, ne s'est pas intéressée à la coopération plutôt teintée de théologie. Le sens du mot ne s'y est pas retrempé.

Au xixe siècle, ce sens s'est élargi. Le mot s'est vulgarisé. Il est passé de plus en plus dans le domaine commun, en perdant de son caractère. Des théologiens, comme le Père Ventura le Bossuet italien, ou encore Mgr. Dupanloup, semblent avoir eux-mêmes contribué à faire descendre le mot de coopération du ciel sur la terre, si j'ose ainsi parler (cf. *Dictionnaire Larousse*, 1869). A leur suite, l'ensemble des écrivains se sont mis à l'employer dans son sens étymologique de collaboration prolongée.

Charles de Rémusat dit par exemple (*Dictionnaire Larousse*, 1869) : « Dans le concours des efforts consacrés à un travail donné, la coopération des forces résulte de l'unité du sujet ».

A ce moment, le mot existe en anglais avec la même forme, sans trait d'union après la particule *co*, et exactement avec le même sens ; voir Macaulay, *Histoire de l'Angleterre*, chap. VI, d'après le *Dictionnaire encyclopédique anglais* de 1883. Il existe de même en italien sous la forme à peine modifiée, *cooperazione* dans l'œuvre du Père Ventura déjà citée. Il ne semble pas exister en allemand, où les formes purement germaniques, Zusammenarbeit, Mitwirkung, ou même Genossenschaft semblent prévaloir.

Tandis que le mot tendait à se perdre ainsi dans le langage courant, il renaissait littéralement d'autre part dans un cercle de techniciens, qui l'appliquaient à une réalité nouvelle.

En Angleterre, avec ses adhérents, le philanthrope Robert Owen fondait en 1821 une société coopérative économique, *Cooperative Society*. Sept ans plus tard, le Dr William King commençait la publication d'un organe mensuel *The Brigton's Cooperator*. Depuis lors, *le mouvement coopératif*, dans le domaine économique et social, s'est développé de toute manière. Il a fait éclore des coopératives de production, des coopératives de consommation, des coopératives de crédit. Il s'est appliqué non seulement au commerce et à l'industrie, mais encore, comme le déclare Charles Gide, dans sa préface au livre de Totomiantz, intitulé *La Coopération mondiale*, Paris, 1923, à l'agriculture et à l'habitation. La Coopération est devenue mondiale, suivant le titre même du livre de Totomiantz. Recréé en Angleterre, avec le trait d'union après la particule, *co-opération*, le mot s'est fait admettre dans son application nouvelle : avec le trait d'union en Amérique, et sans le trait d'union en France, où l'on est étonné que Saint-Simon et Fourier ne s'en soient pas servis, dans les autres pays latins et jusque dans les pays scandinaves où le mouvement coopératif a trouvé un milieu d'élection (par exemple *kooperationen* en suédois). Tandis que se créaient des fédérations nationales de coopératives, et au-dessus d'elles des organisations coopératives internationales, les unes comme les autres organisant de multiples congrès, la littérature de la coopération se développait avec une extrême rapidité. Entre 1878 et 1882, le publiciste anglais George Jacob Holyoake avait écrit en deux volumes un premier ouvrage fondamental intitulé *Self help by the people, Thirty-three years of co-operation in Rochdale*. En 1908, à Bruxelles, la conférence internationale de bibliographie et de documentation a consacré un fascicule spécial à la bibliographie de la coopération. Les auteurs d'ouvrages sur la coopération se sont même laissé entraîner alors à faire remonter la coopération dans le passé, rétrospectivement ; non seulement, ils ont cherché ses origines dans les théories de la première école socialiste française, de Fourier, comme M. Gide, ou de Saint-Simon ; mais encore ils ont prétendu trouver des coopératives de production, de consommation, et de crédit mutuel dans la plus ancienne histoire, aû Moyen Age, à Rome, en Grèce, en Égypte, en Chaldée même (voir par exemple l'article de la *Grande Encyclopédie*).

Quelle que soit la valeur scientifique de ces rapprochements qui ont au moins l'avantage d'éclairer d'un jour nouveau certains points d'histoire, ils montrent surabondamment l'importance nouvelle du mot Coopération dans le vocabulaire de la fin du XIXe siècle et du début du siècle suivant. *Le mot en est à sa seconde époque.*

L'intérêt qu'on lui porte apparaît dans le soin qu'on met à le définir et à analyser son contenu.

Voici une première définition très large, probablement la plus ancienne, donnée par l'Anglais Edouard Vansittart Neale (1810-1892) : « La coopération, c'est le *self help* (l'aide-toi) mais non égoïste. C'est le self-help des gens qui veulent s'aider en aidant les autres, qui à leur tour leur viendront en aide. C'est une collaboration, un travail entre compagnons, un travail de gens qui voient en d'autres leurs camarades et leur disent : « Travaillons ensemble et partageons notre gain ».

Ce dernier mot indique que la coopération s'entend alors essentiellement de l'application du principe d'association au commerce ou à l'industrie. C'est aussi ce qui ressort des autres définitions données. Reprenant les idées de Mazzini et de Fourier, pour qui « l'association est le levier de l'Univers », M. Gide précise que « la coopération est une association tendant à supprimer le profit (capitaliste). « Il définit une autre fois la coopération par ces seuls mots : « le juste prix ». Hans Muller déclare de son côté : « La coopération est une libre union sociale dans la forme d'une économie collective et avec un intérêt de travail comme principe économique ». Le savant russe Totomiantz propose enfin : « La coopération est une union libre, à personnel et capital variables, tendant non pas au gain, mais à l'amélioration de la situation économique et morale » (*La Coopération mondiale,* p. 40).

Le *Dictionnaire encyclopédique* anglais de 1883 et l'*Encyclopédie britannique de 1910* s'attardent à définir tous les caractères de la coopération. Il y a deux espèces de coopération : la coopération peut être dite simple quand plusieurs personnes s'emploient au même travail ; elle devient complexe si les personnes qui collaborent s'emploient chacune à une tâche différente ; elle trouve d'autant plus à s'appliquer que la division du travail est poussée plus loin. De toute façon, l'apport de travail de chacun doit être à tout moment librement consenti, et absolument volontaire ; la coopération ne peut être imposée par contrainte [1] ; elle ne saurait pas même s'accommoder d'un contrat de service ; elle n'admet pas non plus la force de la coutume.

C'est l'application de la formule : « Chacun pour tous et tous pour chacun », formule qui réplique à celle d'autrefois : « Chacun pour soi, et Dieu pour tous ».

De ces définitions et de ces précisions complémentaires, il semble qu'on soit tout près d'atteindre une théorie générale de la coopération, un système philosophique dans lequel la coopération étant appliquée à tout l'ensemble de l'activité humaine, deviendrait comme la norme de la vie.

Les fondateurs français du socialisme n'avaient-ils pas déjà recommandé l'association sous toutes ces formes comme la panacée universelle ? Et la coopération était-elle autre chose qu'une association de travail librement consentie ? En outre, est-ce que pratiquement à la fin du xixe siècle et au début du siècle suivant, la coopération ne s'appliquait pas sinon à l'activité politique, du moins à l'activité intellectuelle ? Est-ce que l'exposition universelle de 1900 avec tous ses congrès n'était pas la manifestation éclatante de la coopération mondiale ? Est-ce que les conférences de la paix réunies à La Haye n'annonçaient pas l'établissement d'une coopération même politique entre les peuples.

Chose curieuse, il a fallu la Guerre et la création de la Société des Nations pour que la coopération fût envisagée comme principe général d'activité. M. Charles Gide, dans son livre sur *Fourier précurseur de la Coopération*, livre paru en 1924, en fournit l'explication suivante, page 5.

A partir de 1867, et surtout après 1870, comme suite à la victoire de l'Allemagne, le marxisme, théorie allemande, dite scientifique, sur la lutte des classes, rejeta dans l'ombre le socialisme français dit utopique, qui se fondait sur le principe de

---

1. Nous verrons plus bas que la coopération est considérée cependant comme pouvant être imposée par ceux qui la subordonnent à un but dominant, par exemple *la lutte des classes*. C'est ce qui a lieu dans l'Union des Soviets.

l'association. Depuis la Grande Guerre, la situation se trouve renversée au profit du socialisme français. On découvre qu'il n'était pas qu'une utopie ; on lui trouve, comme M. Bouglé dans son livre sur la *Sociologie de Proudhon*, une solide base sociologique. En outre, la Société des Nations semble constituer la meilleure garantie pour le maintien et pour le développement d'un régime de coopération [1].

Les choses en sont là. La Coopération complètement épanouie est parvenue à sa *troisième époque historique*, et une fois de plus elle s'est incorporée à l'actualité.

La notion que nous avons actuellement de la Coopération a bien pu sortir, par l'intermédiaire d'un Léon Bourgeois, du mouvement coopératif et mutualiste du xixe siècle, mais elle s'étend bien au delà. Le mot Coopération ne nous fait plus songer essentiellement aux coopératives de production, de consommation et de crédit mutuel, lesquelles d'ailleurs continuent d'exister et de se développer. Nous nous demandons même à la réflexion comment on peut parler de coopération à propos des coopératives de consommation et de crédit mutuel, où c'est seulement l'argent des coopérateurs qui *travaille*.

La coopération est devenue le *coopératisme*, suivant le titre donné par M. Gide à l'un de ses derniers ouvrages. Elle est devenue un système de philosophie, un système de vie, qui se rattache peut-être au premier socialisme français, qui tend au rassemblemnte, au rapprochement et à la collaboration de tous les éléments d'activité, qui implique en même temps la conciliation des intérêts en cause. Tout en reconnaissant que l'antagonisme de leurs intérêts ne cesse pas de mettre en opposition, sinon en lutte même, les éléments d'activité, nous croyons pouvoir affirmer d'autre part que ces éléments sont toujours à certains égards solidaires, que cette solidarité peut et doit les amener à coopérer, et que cette coopération constitue le meilleur moyen de maintenir la paix, entre les peuples, entre les classes, entre les individus.

Dans son livre déjà cité sur la *Coopération mondiale*, M. Toto-

---

1. Nous croyons, pour notre part, que les théories admises aux États-Unis dont a pu s'inspirer le président Wilson, pour recommander la formation de la Société des Nations, ont dû concourir en même temps à l'épanouissement de la Coopération. Ainsi l'Amérique aurait sa part très grande dans cet épanouissement.

miantz s'est appliqué à définir en quoi la coopération ou le coopératisme diffère des autres systèmes ou mouvements sociaux. Ses explications ont à peine besoin d'être complétées.

La Coopération se distingue du *capitalisme* en ce que tout en admettant là concurrence, elle repousse le profit et l'enrichissement d'un petit nombre aux dépens des autres. En ce qui concerne le *socialisme*, elle s'identifierait avec lui, d'après M. Albert Thomas. S'il s'agit du syndicalisme, et du socialisme marxiste ou révolutionnaire, elle s'en sépare non seulement parce qu'elle ne tend pas à la révolution par la lutte des classes, mais encore parce qu'elle attribue à l'individu le principal rôle dans le progrès social ; il est d'ailleurs intéressant de constater que les révolutionnaires russes et avec eux les communistes des différents pays, comme Marrane pour la France[1], sont favorables à la coopération, mais à une coopération dite révolutionnaire, à une coopération de classe, qui est imposée et qui doit servir seulement de moyen pour arriver à la révolution par la lutte des classes. En ce qui concerne l'*anarchisme*, comme celui de Kropotkine, l'auteur de *l'Aide mutuelle comme facteur de l'évolution*, comme celui de Reclus ou de Proudhon, M. Totomiantz estime que la coopération en serait assez proche, parce qu'elle repousse la main-mise de l'État et qu'elle préconise la formation dans le monde entier d'associations libres. Dans la mesure où elle se rapproche de l'anarchisme au moins académique, la coopération s'écarterait nettement du *fascisme* encore que celui-ci tende à l'organisation d'un État corporatif basé sur la collaboration nationale avec la *conscription* politique, économique, intellectuelle de tous les citoyens (cf. Gaston Rabeau « La Philosophie du fascisme », dans *les Documents de la vie intellectuelle*, t. V, n° 3, 10 décembre 1929).

On distingue actuellement la coopération politique, la coopération économique et la coopération intellectuelle. Certains veulent y voir, et peut-être ont-ils raison, les trois piliers du monde nouveau, exactement comme les contemporains de Montesquieu voyaient dans la division des pouvoirs, exécutif, législatif, judiciaire, le fondement de l'organisation future des États.

---

1. Voir sa brochure intitulée *La Coopération révolutionnaire*, en vente à *l'Humanité*, Paris, 1925. A la dernière page de la couverture, on lira la déclaration de principe, qui est des plus suggestives.

On parle essentiellement de la coopération entre les peuples, de la coopération internationale, parce que l'œuvre de la Société des Nations y est étroitement liée. Mais il est bien certain que la coopération s'applique également à la vie intérieure des nations.

La coopération politique internationale s'entend des liens qui s'établissent entre les nations, des pactes qu'elles concluent, des efforts qu'elles font en commun pour assurer le maintien de la paix, soit dans une région particulière, soit dans l'ensemble du monde. La coopération économique internationale, sans se désintéresser du maintien de la paix, tend par des accords et des efforts communs, à assurer le ravitaillement dans les meilleures conditions et à développer pour chacun et pour tous la prospérité économique[1]. Enfin la coopération intellectuelle, qui est à la base des deux autres, par les enseignements et les facilités qu'elle leur procure, consisterait d'après M. Gilbert Murray, président de la Commission internationale de Coopération intellectuelle, *Address to the Assembly* 1921, dans une triple action internationale pour la protection des travailleurs intellectuels, pour l'avancement des connaissances, pour le rapprochement des intellectuels appelés à travailler ensemble, et par ces intellectuels, pour le rapprochement des peuples[2].

La Coopération nous apparaît ainsi à l'heure actuelle comme le meilleur élément d'organisation pour assurer la protection des éléments en cause, le progrès du travail auquel ils s'appliquent, et le rapprochement des ensembles humains auxquels ils appartiennent.

Non seulement nous avons fait de la Coopération un système, mais nous y trouvons une technique qui, comme M. Zimmern

1. Sur la façon dont la coopération sous toutes ces formes pourrait fonctionner, notamment dans le cadre de l'Europe, voir l'étude de M. Borel, « Les États-Unis d'Europe », dans l'*Esprit international*, 1er janvier 1930.

2. En songeant essentiellement à la coopération intellectuelle dans ses rapports avec le travail scientifique, nous avons cru pouvoir écrire nous-même dans la Revue la *Coopération intellectuelle*, 1re année, n° 12, p. 730, que la Coopération, dans le domaine de la Science, tendait à la préparation d'un état de choses auquel pourrait s'appliquer l'un des deux éléments de l'axiome cher aux naturalistes : *rien ne se perd.* Si la coopération intellectuelle s'exerçait intégralement, le travail scientifique étant complètement organisé, aucun effort ne serait plus perdu et chaque effort se trouverait assuré du rendement maximum. La même définition pourrait sans doute s'appliquer à la coopération économique et peut-être même à l'ensemble de la coopération.

l'a noté dans son ouvrage *Learning and Leadership*, peut et doit être apprise, pour pouvoir être exactement appliquée.

EXTASE
par le Dr Marcel Nathan.

Il y a quelque vingt-huit ans, dans le *Bulletin de l'Institut psychologique*, Boutroux définissait l'extase en ces termes : « Au point de vue intellectuel, on appelle extase un état dans lequel, toute communication étant rompue avec le monde extérieur, l'âme a le sentiment qu'elle communique avec un objet interne qui est l'être parfait, l'être infini, qui est Dieu… L'extase est la réunion de l'âme à son objet. »

Nous reviendrons sans doute à cette définition, mais, en principe, elle nous semble à la fois trop large et trop étroite : trop large, en ce sens qu'elle s'adresse à la mystique tout entière, trop étroite en ce sens qu'elle ne convient qu'à la seule extase religieuse.

Le mot d'Extase, dans le langage courant, dans celui de la neuropsychiatrie, a pris un sens behaviouriste, pourrait-on dire, il désigne un geste, une attitude, un comportement en dehors du sentiment qui les provoque. On dit, ou plutôt on disait du temps où l'hypnotisme était une thérapeutique courante, que l'hypnotiseur mettait son sujet en extase. Les hystériques du service de Charcot, inconsciemment éduquées par des présentations et par des études fréquentes, se mettaient en extase au coup de gong comme le représente le croquis célèbre de Paul Richer. Le mot d'Extase possède donc à la fois un sens médical, behaviouriste, pourrait-on dire et un sens profond, qui désigne l'extase religieuse.

Le terme Extase dérive du grec Ἔκστασις, de ἐξίστημι, qui signifie sortir de, être en dehors de. Son sens étymologique est donc fort vague, puisque Aristote (Dictionnaire Bailly) l'emploie dans « la Génération des animaux » dans le sens de déviation du type, de dégénérescence (sens qu'il possédait dans Théophraste) et dans ses «Catégories », dans le sens d'égarement de l'esprit (sens hippocratique). Du reste, jamais, à l'époque classique, il n'a eu un sens religieux, qu'eût justifié, dans une certaine mesure, le délire prophétique de la Pythie. Ce sens religieux, il ne le prend pour la première fois que dans les œuvres du pseudo Denys.

Nous distinguerons dans cette étude l'extase geste, c'est-à-dire l'extase entendue au sens médical, de l'extase religieuse qui n'est pas, comme on le sait, l'apanage de la mystique chrétienne.

I. — EXTASE-GESTE.

Demandez au premier venu de mimer le geste de l'extase, il se campe devant vous les bras au ciel ou en croix, la tête levée, les yeux mi-clos, ou le regard perdu dans le vague. Telle est l'attitude traditionnelle. Elle symbolise au plus haut degré la désinsertion hors du monde extérieur, l'absorption totale de l'âme par la vie intérieure, l'absorption du moi social par le moi profond. Mais cette désinsertion, cet accaparement de l'âme ne sont pas toujours aussi complets; tout peut se borner à une distraction plus ou moins marquée, de telle sorte que les attitudes extatiques, même prises au sens médical, sont infiniment nombreuses et variées.

Médicalement parlant, l'attitude ou les attitudes de l'extase se rapprochent de celles de la catalepsie, qui est elle-même un type dégradé de la catatonie et un type accentué de toutes les formes de la distraction. Si nous insistons sur ce point, si nous faisons appel à ce vocabulaire médical, c'est que les travaux de ces dernières années nous ont apporté sur ces divers états des notions fort intéressantes. Mignard et Toulouse, Claude, Divry, Baruk et de Jong (d'Amsterdam) nous ont appris que ces différents troubles relèvent de la faillite d'un fonction, mieux connue dans ses déterminantes physio-pathologiques, que dans ses localisations anatomiques : gardons à cette fonction le nom d'*auto-conduction* que notre regretté collègue Mignard lui avait donné en s'appuyant sur la clinique et la psychologie plutôt que sur l'expérimentation, comme l'ont fait Baruk et de Jong dans une série de remarquables travaux. L'appareil nerveux, qui conditionne cette fonction, assure précisément le contact entre le moi social et le moi profond, entre ceux-ci et la réalité.

Comment s'opère la faillite de cette fonction d'auto-conduction? — L'extase n'est pas le seul processus qui la provoque. Dans l'hypno tisme on l'obtient artificiellement en provoquant une fatigue sensorielle par la fixation prolongée d'un objet brillant, par l'audition également prolongée d'un même son, par la répétition d'un même geste, etc. Dans l'hystérie, le moi social est absorbé et annihilé par une émotion profonde dont le sujet ne peut se rendre maître, qu'il ne peut dissocier pour l'assimiler, c'est-à-dire pour l'oublier, la classer, comme on dirait en style administratif ; cet accaparement du moi par cet épisode à lourde charge affective n'est possible que chez des individus dont l'affectivité a été tendue par des épreuves subintrantes, stoïquement supportées. Dans la schizoïdie, caractérisée par une dilection spéciale pour la vie intérieure, dilection qui va de la rêverie ludique à la désinsertion complète du réel, il faut également incriminer une sensibilisation créée par une divergence totale entre les tendances du sujet et celles de son milieu.

La psychasthénie, c'est-à-dire cette maladie caractérisée par un doute foncier de soi-même, le mécanisme a bien été mis en évidence par Pierre Janet chez une malade qu'il a pu suivre pendant plus de vingt ans et dont il a rapporté la curieuse histoire dans le premier volume de son livre *De l'angoisse à l'extase*. Cette femme fort intelligente artiste et cultivée était obsédée par cette idée : être ou non unie à Dieu. A ses périodes de tension psychique normale elle raisonnait correctement, faisait valoir dans un sens ou dans l'autre tel ou tel argument rationnel. Dans ses périodes de crise, elle réalisait, comme dans un beau rêve ou comme dans un cauchemar affreux, l'une ou l'autre de ces éventualités ; elle prenait ses désirs et ses craintes pour des réalités intangibles à la critique ; elle passait ainsi de l'extase à l'idée de damnation. Dans l'extase, elle se sentait unie à Dieu, vivait l'une après l'autre les scènes de la Passion, tour à tour Sainte Vierge et Enfant Jésus, les jouait en une mimique des plus expressives. Elle vivait ensuite la possession démoniaque avec la même conviction. Dans les deux cas la tension psychique, l'auto-conduction avait fléchi, c'était la chute dans l'onirisme, c'est-à-dire dans le rêve vécu ; sa critique était ce qu'est la nôtre lorsque nous rêvons.

II. — Extase religieuse.

Prise dans son sens religieux, l'extase ne représente pas un stade obligatoire de l'union mystique ; c'est un incident éminemment facultatif, puisque sainte Hildegarde se vantait de n'avoir jamais connu la faiblesse de l'extase, que sainte Thérèse, qui présenta durant sa vie de nombreuses extases, les considère comme des chemins de traverse. Saint Jean de la Croix se montre un critique sévère et avisé de l'extase, très défiant des fausses extases, très conscient des scories qu'elle comporte.

L'extase peut être considérée comme une déflagration nerveuse causée par la disproportion qui existe entre la pureté insuffisante de l'âme et la perfection infinie de la personnalité divine qui se manifeste à elle. Les extases se raréfieraient avec les progrès de l'union divine ; le fait serait discutable, puisque Saint Jean de la Croix en aurait eu jusqu'à son lit de mort.

Comment se présente objectivement l'extase religieuse? — Extérieurement, comme on pouvait le prévoir, ses attitudes ne diffèrent pas de celles que nous avons décrites précédemment ; elles varient suivant la profondeur de l'extase, car, comme la catalepsie, elle prend le sujet brusquement au cours de ses occupations et l'immobilise dans le geste qu'il était en train d'accomplir ; parfois elle permet l'action extérieure de telle sorte qu'elle échappe à l'entourage.

Cette brusquerie de l'extase a servi d'argument aux hagiographes et aux apologétistes : elle ne nécessite point comme l'hypnotisme ou comme l'extase islamique, telle que la décrit Algazzali, des récitations monotones ou des gestes stéréotypés répétés à l'infini.

Voici le récit d'une extase de sainte Thérèse telle que la décrit l'abbé Hoornaert dans son remarquable ouvrage intitulé : *Sainte Thérèse écrivain.*

« Un soir, répondant au désir exprimé par la Sainte, une jeune novice chante en s'accompagnant du tambourin et en esquissant un pas rappelant une pavane ancienne.

« Mais un cri a retenti, qui s'étouffe en un râle douloureux. Le chant cesse. Les sœurs se précipitent. La Mère est pâle comme un cadavre, les mains blanches crispées sur son cœur, la tête rejetée en arrière, les membres roides, se renversant aux bras de ses filles qui s'empressent.

« Des gémissements s'échappent à petits coups de ses lèvres bleues. Les yeux grands ouverts fixent l'infini. On la soulève, on la transporte comme une morte sur le pauvre grabat de sa cellule.

« Et la nuit se passe dans une agonie étrange. A l'aube les membres se détendent, le sang revient aux lèvres, les regards perdent leur fixité ; les gémissements cessent et doucement, si doucement que l'on croit entendre comme un roucoulement intérieur plutôt qu'une voix humaine, un chant s'élève :

> *Vivo sin vivir en mi*
> *Porque tal vida espero*
> *Que muere porque no muero.* »

Ce passage n'appartient pas à un texte d'un contemporain, conçu par l'auteur, il nous est apparu comme un des plus topiques et des plus suggestifs.

C'est un de ces cas où se produit ce que la mystique appelle la *ligature complète* des gens : les différents sens, les différentes activités organiques et psychiques s'éteignent tour à tour pour s'ouvrir à la vie intérieure car, dans l'extase, l'appréhension divine se fait dans la « nuit des sens ». La présence divine se laisse percevoir sous un mode indicible, qu'aucun langage humain ne peut traduire ; c'est l'illumination, mais point encore l'union, le mariage mystique. L'extase ne peut trouver un langage humain susceptible de l'exprimer après coup, car durant l'extase toute parole est impossible ; elle recourt à un langage pour ainsi dire impressionniste, éminemment subjectif, symbolisant l'objet par l'effet produit sur l'être. Le langage emprunte souvent ses métaphores à l'érotisme ; il n'exprime pas, il ne décrit pas, il dépeint comme il peut. Les résultats de l'extase diffèrent suivant le stade d'union dans lequel elle trouve l'âme, plus troublante lorsque la purification est incomplète, plus unitive et plus sereine à mesure que la purification est plus complète.

Nous n'insisterons pas sur les phénomènes de la lévitation, de l'auréole, de la stigmatisation constatés au cours ou à la suite de certaines extases, à titre tout à fait exceptionnel.

Le diagnostic, la police de l'extase ont été de tout temps le souci de l'église ; rappelons, parmi tant d'autres, saint Jean de la

Croix qui pose ces trois critères de l'extase. Ajoutons que l'Église admet l'existence d'extases ou plutôt de pseudo-extases morbides ou même diaboliques. Nous pouvons à titre de conclusion citer cette phrase du R. P. Joret qui résume la doctrine thomiste de l'extase : « En deux mots : extase spirituelle, qui est la montée vers Dieu ; extase corporelle qui est une misère de notre organisme ».

L'extase est donc, en dernière analyse, pour la mystique chrétienne, un composé d'humain, de névropathique et de divin.

L'extase existe en dehors de la mystique chrétienne dans le bouddhisme et dans l'islamisme: nous nous bornerons à renvoyer le lecteur pour le bouddhisme aux travaux de M. Masson Oursel et notamment dans sa précieuse étude du journal de Psychologie (1926), de M. Gaounet pour l'islamisme aux écrits du professeur Massignon et à un intéressant article de Miguel Asin Palacios, qui nous a été communiqué par notre ami le R. P. Bruno et dont une partie figure dans son admirable ouvrage consacré à saint Jean de la Croix.

En somme, l'extase peut se concevoir, pourrions-nous dire peu élégamment, du dehors et du dedans. Du dehors, envisagée au point de vue médical, elle est un geste, une série de gestes ou d'attitudes, un syndrome qui peut se rencontrer au cours d'affections diverses, liées ou non à une lésion du système nerveux. Envisagée du point de vue religieux, elle représente une crise facultative de l'union divine ; elle peut survenir à tous ses stades mais plus particulièrement au delà de la période purgative, au cours de la vie illuminative ou de la vie unitive. Nous verrons à propos du mysticisme la valeur de ces termes.

ICONOGRAPHIE

par Albert Depréaux.

Selon Littré, le mot Iconographie comporte les acceptions suivantes :

1° Connaissance et description des figures et des représentations divines et humaines concernant particulièrement les monuments antiques, tels que les bustes, les peintures, etc.

2º Collection de portraits d'hommes illustres.

D'autre part, Hatzfeld et Darmestetter en donnent une définition plus rapprochée de son sens étymologique et font précéder le second sens, celui de *Collection de portraits*, de ces mots : *Par extension*.

Comme nous allons tenter de le démontrer, cette interprétation restrictive nous paraît sujette à caution.

En effet, si la formation du terme « Iconographie » est bien connue (εἰκων, image, γραφειν, écrire ou *décrire*), en revanche, sa signification précise a été moins sérieusement étudiée.

Le mot εἰκονογραφια est de grécité récente, et chez les Anciens, des iconographes bien connus, comme Philostrate et Callistrate, n'en font même pas mention. Il semble qu'il faille venir jusqu'à Strabon pour le trouver avec l'acception qui nous intéresse. Il écrit en effet d'un oiseau de l'Inde : « On trouvera la description de son image (εἰκονογραφια) dans Clitarque [1] ». Ainsi donc la description d'un oiseau est une « iconographie ». Par contre, le mot εἰκων offre la même signification. C'est un terme dont se servaient les rhétoriciens pour indiquer une description détaillée d'un être humain [2]. Les *icones* de Varron sont les portraits de personnages célèbres, accompagnés de leur description détaillée.

Comme on le voit, les termes εἰκων, εἰκονογραφια et εἰκονισμος εἰκονισμα (lat. *Icones, iconographia, iconismus*) s'avèrent quelque peu synonymes ou tout au moins séparés seulement par des nuances et signifiant tous : description détaillée d'un objet. Les iconographies n'étaient pas forcément « illustrées », bien qu'on soit à peu près certain que les Anciens, vu la perfection de leurs arts mineurs, ont connu l'illustration. Les traités de Dioscoride, les ouvrages traitant des différentes plantes, peut-être aussi ceux de Varron, ont dû être accompagnés de figures.

Maintenant, quand le terme « iconographie » a-t-il eu droit de cité dans la langue française? On peut penser qu'il apparut à la Renaissance, si férue de termes grecs et latins. Peut-être en trouverait-on trace dans Gronovius ou Montfaucon, mais rien ne nous permet de l'affirmer. Ceux des érudits du XVIᵉ siècle qui font le

---

1. C. 718, avant-dernière ligne.
2. Εἰκονισμος, de εἰκονιξω avait un sens analogue. On peut citer comme ςιχονισμ dans Homère, le portrait de Thersite.

plus figure d'iconographes, comme Thevet, n'en font pas mention.
Pierre Daret, Vulson de la Colombière sont également muets sur
ce point. En 1669 pourtant, il apparaît dans un recueil publié à
Rome par G. A. Cannini ; il s'agit là, d'ailleurs, d'un recueil de portraits. L'édition de 1685 du Dictionnaire de Furetière ne connaît
pas davantage le mot « iconographie ». Hatzfeld l'indique pourtant comme donné par ce même Furetière en 1701 ; nous n'avons
pu consulter que l'édition de La Haye, de 1727, qui donne l'acception citée plus haut et devenue désormais classique. Nous la retrouvons, en effet, dans le Richelet de 1728 et le Trévoux de 1743.
Le dictionnaire de l'Académie ne lui ouvre ses colonnes que très
tard, en 1762 [1], et reproduit, en l'élaguant légèrement, la définition de ses prédécesseurs.

C'est dans le titre d'un ouvrage allemand de Dieterich, paru à
Ratisbonne de 1737 à 1745, que nous retrouvons le terme « iconographia » avec un sens proche du primitif : *Phytantoza iconographia, sive conspectus aliquot millium plantarum, arborum, etc.
Guilielmo Weinsmanno collectorum*, etc. Enfin ! pouvons-nous
dire, mais que nous voilà loin du sens donné par les dictionnaires
du XVIIIe siècle !

Aujourd'hui, le terme Iconographie se présente à nous avec
deux acceptions principales :

1º La description d'images, de sujets, et pas seulement de portraits (par exemple l'Iconographie de la Nativité, de la Résurrection).

2º L'ensemble de documents graphiques figurés concernant tel
sujet ou telle personnalité (par exemple l'Iconographie de l'Algérie, l'Iconographie de Napoléon, de Voltaire).

Cette iconographie descriptive n'a nullement besoin d'être
accompagnée de gravures, ce peut être un simple répertoire,
dépourvu d'illustrations.

Il y a encore un autre sens du mot Iconographie, celui d'étude
subjective et critique de tout ce qui a rapport à la peinture,
à la gravure ou à l'estampe. C'est ainsi que la Grande Encyclopédie
peut écrire : « Le baron de Heinecken fut le véritable initiateur
de la science *iconographique*. » Or, ce baron de Heinecken [2] a publié un « Recueil d'estampes d'après les plus célèbres tableaux de

1. 4º édition.
2. 1706-1791.

la galerie royale de Dresde » et une « Idée générale d'une collection complète d'estampes, avec une dissertation sur l'origine de la gravure, etc. »

On peut donc juger par là de la multiplicité des sens donnés par les modernes au mot Iconographie.

Quant aux langues étrangères, elles ne nous offrent pas d'acceptions très différentes de la nôtre.

L'allemand a deux termes pour désigner l'iconographie : « Bilderdeschreibung » et « Kenntniss über Denkmäler » qui correspondent à notre double signification. L'anglais a « iconography » et l'italien « iconografia » qui comportent les mêmes acceptions.

Quant à l'Iconologie, comme l'indique son étymologie, c'est, à proprement parler, la science des allégories et des termes figurés dans le langage.

Mise en vogue presque simultanément en Allemagne, au temps de Maximilien Ier, par l'étude des hiéroglyphes d'après le traité de Manéthon et en Italie par Ripa, il semble que c'est par la traduction, dès le XVIIe siècle, de l'œuvre de ce dernier qu'elle pénétra en France. En 1759, l'érudit Boudard publia également son importante « Iconologie ».

Pour nous résumer, nous proposerions pour l'iconographie pure cette définition :

L'iconographie est la technique auxiliaire obligée de toute espèce de science, et ce terme peut s'appliquer à tout ensemble de documents graphiques figurés concernant tel ou tel sujet ou telle ou telle personnalité.

III

NOTES DIVERSES

REMARQUES SUR L'ARTICLE DROIT
de M. Louis Le Fur.

Grâce à l'obligeance de M. Tolédano, j'ai pu avoir communication de l'article de M. Le Fur. J'avais eu du reste le plaisir d'assister à la séance plénière du 22 décembre dernier où il avait donné lecture au Centre de sa définition du mot Droit, mais je n'avais pas eu le temps alors, vu l'heure avancée, de présenter certaines remarques qui m'avaient été suggérées par l'exposé oral, et que la lecture a confirmées.

Je prie M. Le Fur d'y voir une marque de l'intérêt que j'ai pris à son travail si documenté et si intéressant.

Pour le critiquer, je me placerai, d'abord, au point de vue historique, puis au point de vue dogmatique.

1° Au point de vue historique, il y aurait fort à dire sur les origines historiques du droit et la justice privée. J'ai là-dessus moi-même des idées un peu hérétiques que ce n'est pas le lieu de développer. Mais je crois inexact de dire avec M. Le Fur qu'à l'intérieur d'une famille très homogène comme la famille romaine, il y a des règles de droit. Le droit est essentiellement un rapport, et de même qu'un rapport numérique ne peut exister qu'entre deux nombres, un rapport juridique ne peut exister qu'entre deux sujets de droit. Or, dans un groupe homogène comme la domus romaine, il n'y a et ne peut y avoir qu'un seul sujet de droit, le pater familias. La domus est donc un domaine où le droit ne s'exerce pas.

Pour la même raison, mais dans un sens opposé, le droit n'existe pas et ne peut exister là où il n'y a pas deux sujets de droit, parce qu'il y a deux personnes absolument étrangères l'une à l'autre. Pour qu'il y ait droit, il faut que les deux sujets de droit soient au moins momentanément soumis à la même règle, à la même autorité. Il faut qu'il y ait un rudiment de communauté morale et juridique. Or cela n'existe aucunement entre étrangers tant qu'il n'y a pas eu entre eux soit de traité collectif, soit de contrat individuel d'hospitalité. Il est fatal, nécessaire et logique qu'ils ne connaissent que la guerre, le massacre, ou l'esclavage, puisqu'il n'y a pas entre eux reconnaissance de droits réciproques.

En d'autres termes, les conditions pour que des règles de droit se forment sont les suivantes :

Il faut que le groupe ne soit pas trop homogène.

Il faut aussi qu'il y ait société au moins temporaire. Il faut que les personnes ou les collectivités entre lesquelles se noue le *vaculum juris* se soumettent au moins temporairement à la même autorité qui, du reste, peut être purement morale, comme c'est le cas dans les hypothèses d'arbitrage.

Quant au point de vue dogmatique, l'effort de M. Le Fur pour élaborer une définition du droit me paraît vicié par le souci de rattacher le droit à la morale et à la religion, d'une part, et d'autre part, sa définition me paraît entachée de subjectivisme.

Pour le premier point, M. Le Fur a bien fait une distinction entre le droit et la morale, mais la première préoccupation se retrouve, pour qui sait lire, éparse dans tout le cours de son article, mais elle se trouve exprimée d'une façon un peu enveloppée, mais pourtant assez nette :

«...A mesure que la somme des connaissances humaines s'accroît, l'homme est amené à multiplier les divisions des sciences que le même individu ne pourrait embrasser toutes. Il faut donc trouver une juste mesure entre la façon de faire des primitifs chez qui tout est confondu, et celle de certains modernes, trop portés à étudier séparément l'homme juridique, l'*homo œconomicus*, l'homme moral ou l'homme religieux, comme s'ils n'avaient rien de commun l'un avec l'autre. Si une certaine division du travail s'impose, parfois aussi une synthèse est utile, et c'est ce qui fait l'intérêt de la sociologie.[1] »

Tel est aussi, certainement, le sens du mot synthétique dans le titre même qu'a donné M. Le Fur à son article : « Essai d'une définition synthétique du droit ». Je ne crois pas qu'il s'agisse d'un hommage verbal rendu à M. Henri Berr dans sa revue.

La synthèse ne consiste pas à établir le mélange entre deux sciences, plus ou moins voisines, mais à faire profiter l'une des progrès de l'autre, ce qui est tout différent. Or, M. Le Fur introduit ou réintroduit dans le droit des notions d'ordre moral, à n'en pas douter, en accueillant dans sa définition du droit la notion de droit naturel et des préoccupations finalistes et téléologiques.

On a trop disserté, depuis quelques années, sur le droit naturel pour que je veuille m'étendre sur ce point. Mais le droit naturel résiste à toutes définitions parce que c'est un concept indéterminé et sans substance. En réalité, ce n'est qu'un sentiment : le sentiment vague que le droit positif, tel qu'il s'exprime par la loi ou même par l'application de la loi, ne donne pas satisfaction complète aux besoins de justice, que le droit est quelque chose, comme dit Nietzsche, qui doit être dépassé, et qu'il faut donc lutter pour faire inscrire dans la loi ce qui est déjà écrit dans les cœurs et dans les consciences.

1. L. Le Fur, « Essai d'une définition synthétique du Droit », in *Revue de Synthèse historique*, tome XLIX, juin 1930, p. 19.

Mais si l'on essaie de serrer de plus près ce droit idéal, d'essayer de le formuler, tout s'évanouira, car il est bien évident que chacun de nous, ou du moins chacun des grands courants politiques et sociaux le modèlera à sa façon. Un catholique le concevra d'une autre manière qu'un socialiste, tous deux autrement qu'un fasciste ou qu'un républicain libéral. En dépit des noms pompeux dont il se pare : droit objectif, droit rationnel, droit scientifique, rien n'est moins objectif, moins rationnel, moins scientifique que ce prétendu droit. C'est un fantôme qu'il ne faut pas se lasser d'exorciser. Une définition du droit doit, à mon avis, le laisser délibérément de côté, surtout si cette définition est destinée non pas à des philosophes, mais à des historiens.

De même, et pour la même raison, je me garderai bien de faire entrer dans une définition du droit la notion de bien commun, au moins au sens où la prend M. Le Fur. Car il entre ici, à son insu certainement, un élément subjectif et c'est la seconde critique que j'adresserai à M. Le Fur. Chaque société, en édictant des lois, croit agir pour le bien commun. C'est le bien commun tel qu'elle se le représente au moment où elle édicte la règle de droit, et qui n'est pas forcément conforme au bien comme tel que se le représentent les hommes d'un autre pays ou d'un autre temps. M. Le Fur, estimant que nos lois sont faites pour le bien commun et celles de l'Union soviétique pour une classe, refuse à celles-ci le nom de droit. Qui sait si plus tard un grand nombre de nos lois actuelles ne seront pas jugées comme ayant été faites dans l'intérêt d'une classe? Devra-t-on leur refuser le nom de lois? Encore une fois, il faut, par un rigoureux effort d'objectivité, essayer de boucher hermétiquement toutes les fissures par où nos sentiments personnels pourraient s'introduire. Ou disons que nous ne faisons pas de la science, mais de la politique, de la morale, de la religion.

Mais alors M. Le Fur sera en droit de me demander comment l'on doit concevoir ce droit. D'une façon plus humble, plus prosaïque, mais aussi plus utile à la science parce que plus objective, en demeurant sur le terrain des faits. Le droit, c'est le droit positif, formé par les règles de droit, nombreuses, variées, souvent même contraires, qui ont régi les différents peuples. Naturellement, on fera entrer dans cette définition du droit non seulement les lois, mais les coutumes, les usages juridiques, les décisions des tribunaux. Voilà le terrain sur lequel on peut bâtir, et c'est la seule conception solide du droit.

Les faits juridiques ainsi conçus se distinguent assez aisément des faits moraux, malgré leur ressemblance indéniable et leur parenté. Tous deux sont des rapports obligatoires entre les hommes et leur différence est une différence d'intensité. Pour reprendre l'expression de Durkheim qui me paraît toujours vraie, le fait illicite porte une violente atteinte à la conscience collective, provoque une réaction forte de sa part, tandis que l'atteinte est moins vive, la réaction moins intense pour le fait simplement immoral. La différence s'exprime par la sanction qui sera le plus souvent judiciaire en cas d'atteinte au droit et diffuse en cas de simple atteinte à la morale.

Il suit de là, sans prétendre donner ici une définition mûrement réfléchie, que le droit est l'ensemble des relations sociales entre les hommes telles qu'elles sont conçues et régies par la conscience collective de la société.

M. Le Fur adresserait à une définition de ce genre le même reproche qu'il adresse aux définitions de caractère sociologique en général, à savoir de « ne comporter aucune directive pour l'avenir ». Je retrouve ici et toujours la même tendance normative et finaliste. Le rôle du savant n'est pas de fournir des directives, c'est la fonction de l'homme politique et du moraliste. Le savant doit se borner à observer, à classer, sans indiquer ses préférences, même si elles semblent absolument évidentes et nécessaires. Ainsi, pour reprendre les exemples que donne M. Le Fur, si un pays s'oriente nettement vers l'alcoolisme et la dénatalité, M. Le Fur demande si ces tendances sont à encourager? Non, sans doute, mais pas non plus à décourager. C'est l'affaire du moraliste ou encore du juriste qui s'occupe *de lege facienda*. Ce n'est pas le rôle du savant, encore moins de l'historien.

Henri Lévy-Bruhl.

MEMBRES DE LA SECTION
DE SYNTHÈSE HISTORIQUE

MM. Henri Berr, directeur de la *Revue de Synthèse historique, directeur.*

L. Febvre, professeur à l'Université de Strasbourg, *directeur-adjoint.*

L. Barrau-Dihigo, conservateur de la Bibliothèque de l'Université de Paris, *assesseur.*

P. Caron, archiviste aux Archives nationales, *assesseur.*

P. Masson-Oursel, directeur à l'École des Hautes-Études, *secrétaire.*

P. Alphandéry, directeur à l'École des Hautes-Études, directeur de la *Revue d'histoire des religions.*

G. Bourgin, archiviste aux Archives nationales.

Léon Cahen, professeur d'histoire au lycée Condorcet, docteur ès lettres.

J. Carcopino, professeur à la Sorbonne.

V. Chapot, docteur ès lettres et en droit, bibliothécaire à la Bibliothèque Sainte-Geneviève, professeur à l'École des Beaux-Arts.

A. Demangeon, professeur à la Sorbonne.

L. Eisenmann, professeur à la Sorbonne.

M. Granet, professeur à la Sorbonne.

Ch. Guignebert, professeur à la Sorbonne.

H. Hauser, professeur à la Sorbonne.

G. Huisman, professeur d'histoire au lycée Janson.

M. Lhéritier, secrétaire général du Comité international des Sciences historiques, docteur ès lettres.

Henri Lévy-Bruhl, professeur à l'Université de Paris.

L. Massignon, professeur au Collège de France, directeur de la *Revue du Monde musulman.*

M. Mauss, directeur à l'École des Hautes-Études.

A. Moret, membre de l'Institut, professeur au Collège de France.

L. Réau, ancien directeur de l'Institut français de Saint-Pétersbourg.

P. Renouvin, professeur à la Sorbonne.

A. Rey, professeur à la Sorbonne.

Dr P. Rivet, professeur au Muséum d'histoire naturelle, secrétaire général de l'Institut d'ethnologie de Paris.

Ch. Schmidt, inspecteur général des Archives.

Fr. Simiand, professeur au Conservatoire des Arts et Métiers.

J. Toutain, directeur à l'École des Hautes-Études.

P. Van Tieghem, professeur de première au lycée Janson, docteur ès lettres.

J. Vendryes, professeur à la Sorbonne.

C. Barbagallo, directeur de la *Nuova Rivista Storica.*

E. Cassirer, professeur à l'Université de Hambourg.

J. Deleito y Piñuela, professeur à l'Université de Valence.

W. Deonna, professeur à l'Université de Genève.

G. Des Marez, professeur à l'Université de Bruxelles.

A. Dopsch, directeur du *Seminär für Wirtschaft- und Kulturgeschichte* de l'Université de Vienne.

R. Eisler, docteur ès lettres.

A. Ferrão, membre de l'Académie des Sciences de Lisbonne.

O. Halecki, professeur à l'Université de Varsovie.

M. Handelsmann, professeur à l'Université de Varsovie.

Ch.-H. Haskins, professeur à l'Université Harvard.

J. Huizinga, professeur à l'Université de Leyde.

N. Iorga, professeur à l'Université de Bucarest.

H. Koht, professeur à l'Université d'Oslo, président du Comité international des Sciences historiques.

J.-T. Medina, professeur à l'Université de Santiago-du-Chili.

S. d'Oldenbourg, ancien secrétaire perpétuel de l'Académie des Sciences de Leningrad.

R. Ravignani, directeur de l'*Instituto de investigaciones historicas* de l'Université de Buenos-Ayres.

G. von Schultze-Gävernitz, professeur à la *Hochschule für Politik* de Berlin.

J.-T. Shotwell, professeur à l'Université Columbia.

J. Susta, professeur à l'Université de Prague.

G. Trevelyan, professeur à l'Université de Cambridge.

A. Voldemar, professeur à l'Université de Kaunas (Kovno).

D. Warnotte, chef du service de documentation à l'Institut de sociologie Solvay, de Bruxelles.

TABLE DES MATIÈRES

5151-12-30. — CORBEIL. IMPRIMERIE CRÉTÉ (1-1931).

NOUVELLES CONDITIONS D'ABONNEMENT

La *Revue de Synthèse historique* forme deux volumes par an, grand in-8°.

Le volume est composé de trois fascicules qui, provisoirement, paraissent réunis en juin et décembre.

L'abonnement est de **45** francs pour la France, de **50** francs pour les pays ayant accepté une réduction de 50 % sur l'affranchissement des périodiques, et de **55** francs pour les autres pays. Il part de janvier ou de juillet. — Le prix du volume est de **25** francs.

Les années d'avant-guerre sont vendues au prix de **5** francs le fascicule, **30** francs l'année. — Il ne reste qu'un *très petit nombre* de collections complètes (40 volumes) à **650** francs.

L'administration de la *Revue* rachèterait des exemplaires des nᵒˢ 21, 27, 37.

NUMÉROS SPÉCIAUX

L'Allemagne, nᵒ 44	**5** fr. »		*La Russie*, nᵒ 71	**7** fr. »		
L'Angleterre, nᵒ 49	**5** fr. »		*L'Histoire de l'Art*, nᵒ 82..	**8** fr. »		
L'Italie, nᵒ 57	**7** fr. »		*Les États-Unis*, nᵒˢ 85-87 ..	**16** fr. »		

Introduction à l'Histoire de la Guerre mondiale, nᵒˢ 97-99 .... **16** fr. »

La collection des numéros spéciaux : 70 francs.

TOME XXIX

CONSACRÉ AUX ÉTATS-UNIS

« La *Revue de Synthèse historique*, dont le tome XXVIII avait paru en juillet 1914, vient de reprendre sa périodicité avec le tome XXIX, après une interruption de cinq années. Ce numéro est exclusivement consacré aux États-Unis. Nous y trouvons, dans un classement méthodique et une heureuse distribution, des articles de fond sur la psychologie des États-Unis, d'après les institutions et surtout la vie intellectuelle et morale du peuple américain, des études critiques sur de récents ouvrages relatifs à leur histoire, une revue générale des travaux américains sur l'Histoire de France. Les trois principales parties, dont la dernière est due à la collaboration de quatre éminents professeurs américains, sont précédées d'une remarquable introduction du directeur de la Revue, M. Henri Berr, sur *Les Études historiques et la Guerre*, et suivies de *notes, questions et discussions* relatives aux rapports des deux pays dans le passé ou le présent. Le tout forme un ensemble de recherches et d'aperçus tel qu'il ne nous en avait jamais été présenté et qui offre le plus vif intérêt. » (Firmin Roz, *France-États-Unis*, avril 1920.)

TOME XXXIII

INTRODUCTION A L'HISTOIRE DE LA GUERRE MONDIALE
Questions de méthode

Centres d'études et instruments de travail — Études critiques.

« La *Revue de Synthèse historique* tente une grande entreprise : elle veut préparer aux historiens la voie pour une étude objective et scientifique de la guerre mondiale. Fidèle au programme qu'elle s'efforce d'accomplir depuis vingt-deux ans pour l'ensemble de l'histoire, elle veut donner aux travailleurs de ce champ nouveau, qu'il est d'autant plus difficile d'explorer qu'il est plus près de nous, des renseignements généraux et des suggestions propres à les orienter. » (Prof. A. Guilland, *Journal de Genève*, 4 août 1922.)

« ... Cette brochure de moins de deux cents pages est ce qui a paru jusqu'à ce jour de plus sûr au sujet de la Grande Guerre... La *Revue de Synthèse historique* n'aurait rien pu entreprendre de plus utile et d'un intérêt plus durable. Quiconque s'intéresse à l'histoire de la guerre mondiale, peu ou prou, ne saurait que lui en être reconnaissant. » (Colonel Feyler, *Gazette de Lausanne*, 1ᵉʳ mai 1923.)

PREMIÈRE TABLE DÉCENNALE (1900-1910)
Par André FRIBOURG
Un volume grand in-8° de 114 pages, 8 francs (5 francs pour les abonnés de la *Revue*)

PUBLICATIONS DE LA *REVUE DE SYNTHÈSE HISTORIQUE*

LES RÉGIONS DE LA FRANCE

I. *La Gascogne*, par L. BARRAU-DIHIGO, conservateur de la Bibliothèque de la Sorbonne, précédé d'une Introd. générale par Henri BERR, directeur de la *Revue de Synthèse historique*...... 5 fr. »

II. *Le Lyonnais*, par S. CHARLÉTY, recteur de l'Académie de Paris... 3 fr. 50

III. *La Bourgogne*, par A. KLEINCLAUSZ, professeur à l'Université de Lyon...... 5 fr. »

IV. *La Franche-Comté*, par L. FEBVRE, professeur à l'Université de Strasbourg...... 5 fr. »

V. *Le Velay*, par Louis VILLAT, professeur à l'Université de Besançon. 5 fr. »

VI. *Le Roussillon*, par Joseph CALMETTE, professeur à l'Université de Toulouse, et Pierre VIDAL, bibliothécaire de la Ville de Perpignan. 5 fr. »

VII. *La Normandie*, par Henri PRENTOUT, prof. à l'Université de Caen. 7 fr. »

VIII. *La Lorraine*, par Chr. PFISTER, ancien professeur à la Sorbonne, recteur de l'Université de Strasbourg...... 7 fr. »

IX. *L'Ile-de-France* (*Les pays autour de Paris*), par Marc BLOCH, prof. à l'Université de Strasbourg...... 7 fr. »

En préparation :

X. *L'Aunis, le Saintonge, l'Angoumois*, par TOURNEUR-AUMONT, professeur à l'Université de Poitiers.

« Le plan de ces monographies est bien simple : une bibliographie raisonnée des sources manuscrites et des ouvrages imprimés, un exposé des résultats acquis et des principaux desiderata. La grande compétence spéciale des auteurs rend ces études extrêmement précieuses... » (*Revue Historique*, n° 173, p. 124).

ARCHIVES, BIBLIOTHÈQUES, MUSÉES

L'Organisation des Musées, par L. RÉAU, ancien directeur de la *Gazette des Beaux-Arts*...... 3 fr. 50

L'Organisation des Bibliothèques, par V. CHAPOT, docteur ès lettres, docteur en droit, bibliothécaire à la Bibliothèque Sainte-Geneviève...... 4 fr. »

Les Études relatives à l'Histoire économique de la Révolution française (1789-1804), par P. BOISSONNADE, prof. à l'Université de Poitiers... 8 fr. »

Les Études relatives à la période du « Risorgimento » en Italie, par Georges BOURGIN, ancien membre de l'École française de Rome, archiviste aux Archives Nationales ...... 5 fr. 50

Les Études relatives à l'Histoire économique de l'Espagne et leurs résultats (*des origines à 1453*), par P. BOISSONNADE, professeur à l'Université de Poitiers ...... 7 fr. »

Psychologie des États-Unis, synthèse collective...... 13 fr. »

Le Bolchevisme expliqué par l'état social de la Russie, par Pierre CHASLES, docteur en droit...... 3 fr. »

Répertoire méthodique pour la Synthèse historique (*Théorie et Méthodologie, Histoire et Enseignement de l'Histoire*), année 1901, publié avec une Introduction par Henri BERR, docteur ès lettres, directeur de la *Revue de Synthèse historique*, avec le concours de P. CARON, archiviste aux Archives nationales et Fr. SIMIAND, professeur au Conservatoire des Arts et Métiers...... 3 fr. 50